本书获国家社会科学基金项目"有限关注的机构投资者行为与
（15BGL050）的资助

U0681314

机构投资者情绪及 投资行为与股价同步性研究

Research on the Effects of Institutional Investors Sentiment and Investment Behavior on the Stock Price Synchronicity

胡才泓◎著

经济管理出版社

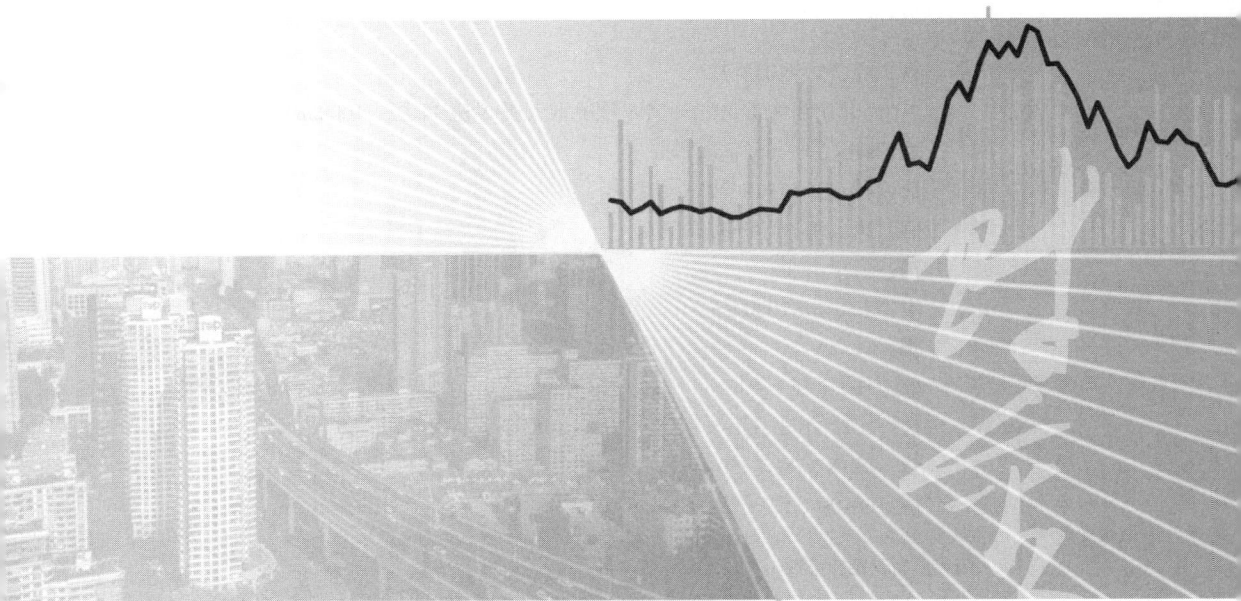

ECONOMY & MANAGEMENT PUBLISHING HOUSE

图书在版编目（CIP）数据

机构投资者情绪及投资行为与股价同步性研究/胡才泓著．—北京：经济管理
出版社，2021.7
ISBN 978-7-5096-8132-9

Ⅰ．①机…　Ⅱ．①胡…　Ⅲ．①机构投资者—投资行为—关系—股票价格—
研究　Ⅳ．①F830.59 ②F830.91

中国版本图书馆 CIP 数据核字（2021）第 136472 号

组稿编辑：丁慧敏
责任编辑：丁慧敏　张广花　姜玉满
责任印制：张馨予
责任校对：张晓燕

出版发行：经济管理出版社
　　　　　（北京市海淀区北蜂窝 8 号中雅大厦 A 座 11 层　100038）
网　　址：www. E-mp. com. cn
电　　话：（010）51915602
印　　刷：唐山玺诚印务有限公司
经　　销：新华书店
开　　本：720mm×1000mm /16
印　　张：11.25
字　　数：160 千字
版　　次：2021 年 8 月第 1 版　2021 年 8 月第 1 次印刷
书　　号：ISBN 978-7-5096-8132-9
定　　价：68.00 元

前　言

股价同步性（Synchronicity）即"同涨同跌"现象，是指单个公司股票价格的波动与市场平均波动之间的关联性，表现为市场中大多数股票价格在某一时间段同时上涨或下跌。股价同步性作为衡量资本市场尤其是证券市场效率的重要指标，已成为资本市场效率和金融市场稳定研究中的重要领域，是当前实务界关注的热点和财务学研究的重要课题。

在中国证券市场，股价同步性现象非常显著。有研究表明，在40个样本国家中，中国股价同步性程度位居世界第一。与此同时，我国股市自创立以来，就在暴涨与暴跌的交替中蹒跚前行。到目前为止，已经经历了七轮暴涨暴跌。由此，2001年中国证券监管当局提出了"超常规发展机构投资者"的发展思路以稳定市场。但是，我国证券市场的股价同步性现象并没有减弱的迹象。那么，为什么中国证券市场的股价同步性会如此严重？其中机构投资者对股价同步性现象产生怎样的影响？现有的理论和实证研究对此缺乏全面深入的分析。本书立足于中国特有的市场现状，建立在行为金融视角下的分类/偏好形成股价同步性理论上，以机构投资者群体对股价同步性的影响为聚焦中心，围绕机构投资者情绪和投资行为特别是相互关联的、趋同的投资行为对股价同步性的影响展开，以期为"新兴加转轨"时期的中国证券市场制度建设和机构投资者发展提供经验证据与理论支持。

本书在借鉴与创新的基础上，将定性描述和定量分析相结合，对机构投资者情绪和典型的易于产生趋同的投资行为（分类投资行为、偏好投资行为、羊群行为和正反馈交易行为）对股价同步性的影响进行研究。本书的主要研究工作和创新有以下四个方面：

第一，采用主成分分析方法，选取股指期货净头寸（NP）、资金流入流出净家数（NN）和沪深 300 指数交易量（TV）三个初级指标，构建了机构投资者情绪综合指标（CIISI），并实证考察了机构投资者情绪与股价同步性的关系，以及机构投资者持股在两者关系中所起的作用。得出结论如下：①股价同步性与机构投资者情绪正相关；②股价同步性与机构投资者情绪的正相关关系随着机构投资者持股比例的增加而减弱；③进一步建立非线性模型分析，发现股价同步性与机构投资者情绪存在倒"U"形关系。

第二，参照中国证券监督管理委员会（以下简称证监会）公布的行业分类标准，构建股价同步性的度量模型（反映分类投资行为）、交易趋同度的度量模型、分类投资行为对股价同步性的影响模型，并利用中国证券市场的面板数据，将机构投资者的分类投资行为细分为非趋同交易、趋同交易以及两者的混合三种情形进行实证考察。从机构投资者的层面验证了行为金融视角下的分类形成股价同步性假说。研究结果表明：①股价同步性与机构投资者的非趋同交易行为负相关，且这种负相关关系随着机构投资者持股比例的增加而增强。②股价同步性与机构投资者的趋同交易行为正相关，且这种正相关关系随着机构投资者持股比例的增加而减弱；进一步建立非线性模型分析，发现股价同步性与机构投资者的趋同交易行为存在倒"U"形关系。③趋同交易行为是影响股价同步性的决定性因素，而非趋同交易行为对股价同步性的影响都是通过趋同交易行为发生作用的。

第三，为了考察机构投资者的偏好投资行为对股价同步性的影响作用，分别从机构投资者的持股偏好和博彩偏好两方面进行研究。首先，构建机构投资者持股比例高、低组合模型，再分别对机构投资者持股比例分高、中、低三组进行实证分析，以考察机构投资者持股偏好是否对股价同步性产生显著的影响作用；其次，利用低股价、高特质波动率和高特质偏度识别股票的彩票特性，构建股价同步性的度量模型（反映偏好投资行为）、偏好趋同度的度量模型，分组考察机构投资者是否存在显著的博彩偏好及博彩偏好对股价同步性的影响。[3] 从机构投资者的层面，验证了行为金融视角下的偏好形成股价同步性假说。实证分析的结果表明：①机构投资者持股偏好会导致股价波动的同步性现象；②我国机构投资者存在明显的博彩偏好；③机构投资者的博彩偏好会提高股价波动的同步性程度。

第四，首先给出横截面机构持仓变动绝对偏离度的定义，以资本资产定价模型（CAPM）为基础，推导并证明了当存在显著的羊群行为时，横截面机构持仓变动绝对偏离度与机构总持仓变动之间存在非线性关系，并据此建立非线性模型考察机构投资者的羊群行为，理论方法上对传统的 CCK（Chang-Cheng-Khorana）模型进行了扩展并验证了该扩展模型的应用；其次，从资金驱动的新视角，构建了资金—收益驱动模型和收益—资金诱导模型的正反馈交易行为的组合模型，并实证考察了股指期货上市后我国基金整体上是否采取了正反馈交易策略；最后，基于实证结果，分析了机构投资者的非独立策略与股价同步性的关系。研究结果表明：①我国股指期货上市后的样本期间，机构投资者不存在羊群行为；②我国股指期货上市后的样本期间，基金整体上采取了正反馈交易策略；③机构投资者的非独立策略（羊群行为、正反馈交易）会提高股价波动的同步性程度。

本书借鉴行为金融视角下的分类/偏好形成股价同步性的理论和方法，从机构投资者的层面验证了行为金融视角下的分类/偏好形成股价同步性假说，完善和丰富了"非理性行为观"。并且有助于政府职能部门制定有针对性的政策措施，促进市场和机构投资者的健康和谐发展。同时还可以帮助投资者把握市场脉搏，做出正确的投资决策。所以，本书的研究具有重要的理论价值和实际意义。

目　录

第一章

绪　论

第一节　研究背景和意义

一、研究背景

股价同步性（Synchronicity）即"同涨同跌"现象，是指单个公司股票价格的波动与市场平均波动之间的关联性。股价同步性作为衡量资本市场尤其是证券市场效率的重要指标，已成为资本市场效率和金融市场稳定研究中的重要领域，是当前实务界关注的热点和财务学研究的重要课题。机构投资者与股价同步性关系的研究基于以下中国证券市场的背景。

1. 我国股市"暴涨暴跌"，投机风气盛行

我国股市自创立以来，就在暴涨与暴跌的交替中蹒跚前行。到目前为止，已经经历了七轮暴涨暴跌（陈国进等，2009）。[1]"千股涨停、千股跌停"严重影响了中国证券市场的健康发展，尤其是 2015 年的"股灾"更是让投资者记忆犹新。总体来看，中国的实体经济尽管最近

几年有所放缓，但增长速度依然是引领全球，而中国股市的波动却越来越激烈，极端市场风险的出现越来越频繁，股市正常功能难以发挥，股价涨跌上上下下就像坐过山车，投机现象特别严重。

2. 我国股价波动的同步性现象突出

在国内外文献中，一般用 CAPM 对个股收益与市场收益回归模型的拟合优度 R^2 来度量股价的同步性。R^2 越大，表示个股收益波动被市场收益波动所解释的部分越大，股价同步性则越高。Morck 等（2000）发现，中国股价波动的同步性位居世界第二，仅次于波兰。[2] 而 Jin 和 Myers（2006）对 40 个国家的研究表明，中国股价同步性程度位居世界第一。[3] 由此可见，我国证券市场股价的"同涨同跌"现象非常严重。

3. 机构投资者超常规发展，成为证券市场的主导力量

2001 年中国证券监管当局提出了"超常规发展机构投资者"的发展思路，随后几年，我国开放式基金出现了爆炸式增长，资产净值占同期 A 股总流通市值的比重也由 2001 年底的不到 1%最高飙升至 2008 年底的 42%左右（蔡庆丰、宋友勇，2010）。[4] 证监会多年致力于推动社会保险、养老保险、住房公积金等长期资本入市，提高 QFII 和 RQFII 配额以壮大机构投资者的力量。时任证监会主席郭树清在 2013 年 1 月 14 日举行的亚洲金融论坛上表示，原则上所有符合规范的机构投资者都能参与到 QFII 和 RQFII 的推广当中。现在 QFII 和 RQFII 占整个市场的比例为 1.5%~6%，他希望在现有基础上能够扩大十倍。2020 年 5 月 7 日，中国人民银行、国家外汇管理局发布《境外机构投资者境内证券期货投资资金管理规定》，明确并简化境外机构投资者境内证券期货投资资金管理要求。业内人士表示，此次落实取消 QFII 和 RQFII 境内证券投资额度管理要求，该规定的出台将使境外合格机构投资者投资中国资本市场更加便利，是中国金融市场扩大开放的又一新

举措。①

行为金融学是金融学、心理学、行为学、社会学等学科相交叉的边缘学科，力图揭示金融市场的非理性行为和决策规律。行为金融学主要存在两个研究方向：一是研究投资者的行为与心理机制，即投资者情绪（Investor Sentiment）研究；二是研究非理性行为对市场总体行为的影响，即噪声交易研究。因此，鉴于中国股市的现状，研究机构投资者情绪和投资行为对股价波动的同步性影响，对于促进金融市场效率和稳定、健康、可持续发展，具有重大的理论和现实意义。

二、研究意义

1. 理论意义

经典的有效市场假说（Efficient Markets Hypothesis，EMH）把有效市场定义为"价格总是完全反映了所有可获得的信息"（Fama，1970）。[5] Shleifer（2000）指出有效市场的理论建立在三个强度依次减弱的假定之上：①投资人是理性的，能获得完备的信息并理性地为证券精确定价；②尽管市场上存在非理性人，但是因为不同行为人的决策是独立的，他们会进行随机交易，大量交易者之间的套利行为会互相抵消，不会造成价格的大规模波动，市场依然有效；③即使市场上的大量非理性人所进行的交易具有一定的模式，但是市场中还存在另一部分理性的套利者，其运用完备信息和套利活动会抵消非理性行为人的行为，最终会令市场实现有效性。[6]

但是，股价同步性现象向标准的金融理论提出了挑战。理性投资者假设、随机交易假设、有效套利假设三个假设条件与现实往往有较

---

① 参见新浪财经网，http://finance.sina.com.cn/roll/2020-05-08/doc-iirczymk0440776.shtml。

大的出入。如果投资者情绪相互关联或者采取趋同的、非独立交易策略，分散套利的方式就无法达到市场有效的状态。因此，很难应用标准的金融理论解释国内外市场中普遍存在的股价同步性现象。

行为金融理论认为，股价是由噪声交易者和理性套利者动态的互动关系决定的（Black，1986）。[7] 投资者情绪和有限套利是行为金融学解释各种市场异象的重要理论基础。现有的理论研究和实证检验缺乏对机构投资者与股价同步性关系全面而深入的分析。本书鉴于中国证券市场的现状，以行为金融视角下的股价同步性理论为基础，致力于从机构投资者情绪和投资行为对股价同步性的影响进行研究。从机构投资者的层面，验证了行为金融视角下的分类/偏好形成股价同步性假说，完善和丰富了以 West（1988）为代表的"非理性行为观"。[8] 从直观意义上来说，股价"同涨同跌"现象不是孤立的单个投资者所能造成的，应该是相互关联的群体活动互动的结果。事实上，作为一个投资群体，机构投资者的情绪和投资行为存在很大的关联性、传染性。国内很少有文献从机构投资者情绪和投资行为相互关联的、趋同的视角对股价同步性进行研究。这是本书的理论意义所在，也是本书研究的特色。

2. 现实意义

国外相关研究表明，股价同步性会对资本市场、经济效率、经济政策和公司治理产生负面影响。主要体现在：①股价同步性越高，市场崩溃的频率越高（Jin and Mayers，2006；Hutton et al.，2009）。[3,9] ②股价同步性降低经济运行效率（Wurgler，2000；Durnev et al.，2004a）。[10~11] ③股价同步性妨碍公司治理的有效性（De Fond and Hung，2004；Chen et al.，2007）。[12~13] 国内学者游家兴和汪立琴（2012）也指出，股价同步性现象的出现削弱了股票价格对公司价值的甄别、筛选和反馈功能，破坏了公司信号的传递机制，弱化了证券市场通过价格来进行资源配置的效率。[14] 因此，股价同步性研究对资本配置、市场效率、公司治理以及证券市场和实体经济的发展，具有深刻的现实意义。

30多年来，我国证券市场发展迅速，从成立之初的"老八股"发展到现在4000家上市公司。A股市值发生了翻天覆地的变化，机构投资者队伍也实现了"跨越式"发展。但现在我国股市仍处于"新兴加转轨"阶段，市场上还存在各种不规范的行为，集中表现为股价同步性现象严重和股价频繁的飙升与暴跌。

机构投资者稳定股市是管理层长期坚持的理念，超常规发展机构投资者是管理层的重大举措。但是，现实中大起大落的股票市场有悖于管理层的初衷，大力发展的机构投资者队伍并没有起到稳定市场的作用。党的十七大报告首次明确提出了要"完善资本市场，创造条件让更多群众拥有财产性收入"的施政目标。党的十八大报告也提出"多渠道增加居民财产性收入，要依法加强对公民财产权的保护"。党的十九大报告再次强调"在决胜全面建成小康社会和开启全面建设社会主义现代化国家的过程中，坚持在'同时'和'同步'中提高人民收入"。股票市场的波动与机构投资者的相互关系已成为影响中国社会经济生活的重要因素。因此，正确地认识机构投资者情绪和投资行为对股价同步性的影响，并在此基础上积极地引导和规范证券市场与机构投资者的协调发展，以抑制投机风气、引领价值投资，发挥机构投资者稳定市场的作用，是政策层、监管者以及广大投资者所共同关注的问题。这些也是本书研究的现实意义和目的所在。

第二节 研究内容和结构

本书将机构投资者情绪和典型的易于产生趋同的投资行为（分类

投资行为、偏好投资行为、羊群行为和正反馈交易行为）对股价同步性的影响作为一个独立的主题展开系统的研究。试图在评述机构投资者情绪和投资行为对股价同步性影响的研究成果基础上，阐明机构投资者情绪和投资行为对股价同步性影响的作用和机理，提出机构投资者情绪综合指标和趋同交易行为的度量方法，构建机构投资者情绪和投资行为对股价同步性影响的数理模型，并利用中国证券市场的面板数据进行实证分析。

一、研究内容

总体上，本书的研究内容从四个方面展开，研究的整体框架如图 1-1 所示。

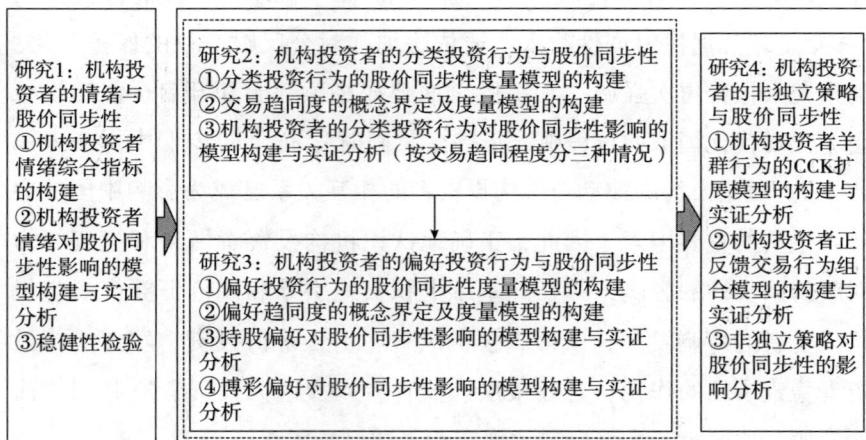

图 1-1　研究内容框架

本书从以下几个方面研究机构投资者情绪和投资行为与股价同步性的关系：

（1）采用主成分分析方法，选取表征机构投资者情绪的三个初级代理变量，构建机构投资者情绪综合指标（CIISI），并利用中国证券市场的数据实证考察机构投资者情绪与股价同步性的关系，试图验证机构投资者情绪是否对股价同步性产生显著的影响。

（2）将机构投资者的分类投资行为细分为非趋同交易、趋同交易以及两者的混合三种情形，对股价同步性的影响进行研究。利用中国证券市场的面板数据，实证考察机构投资者的分类投资行为是否对股价同步性产生显著的影响。试图从机构投资者的层面验证行为金融视角下的分类形成股价同步性假说。

（3）为了考察机构投资者的偏好投资行为对股价同步性的影响作用，本书分别从机构投资者的持股偏好和博彩偏好两方面，利用中国证券市场的面板数据，实证考察机构投资者持股比例的高低和彩票类股票交易行为是否对股价同步性产生显著的影响。试图从机构投资者的层面，验证行为金融视角下的偏好形成股价同步性假说。

（4）构建检验机构投资者羊群行为的 CCK 扩展模型和正反馈交易行为的组合模型，并利用中国证券市场的数据验证上述模型的应用，最后分析机构投资者非独立策略是否对股价同步性产生显著的影响作用。

机构投资者的投资行为与股价同步性的关系具体分三部分展开：第（2）和第（3）部分从机构投资者交易行为相互关联的、趋同的视角，在模型中引入交易/偏好趋同度变量，分别采用行业分类和偏好聚类方法对样本分组，以期验证分类/偏好形成股价同步性假说。第（4）部分应用第（2）和第（3）两部分的研究成果，进一步分析机构投资者非独立策略与股价同步性的关系。

二、技术路线

在研究过程中，本书首先在文献整理的基础上确定研究拟解决的主要问题，然后建立研究的理论框架，并在逻辑推理、理论分析和已有研究成果紧密结合的基础上提出研究假设。其次，通过收集中国上海、深圳股市数据进行实证分析，并将分析结果与预期、已有研究结论进行对比和分析。最后，对研究结论、实践意义、存在的不足以及将来要进一步研究的方向进行总结。

本书的研究思路为：现状考察→理论分析→实证研究→政策启示，其技术路线如图 1-2 所示。

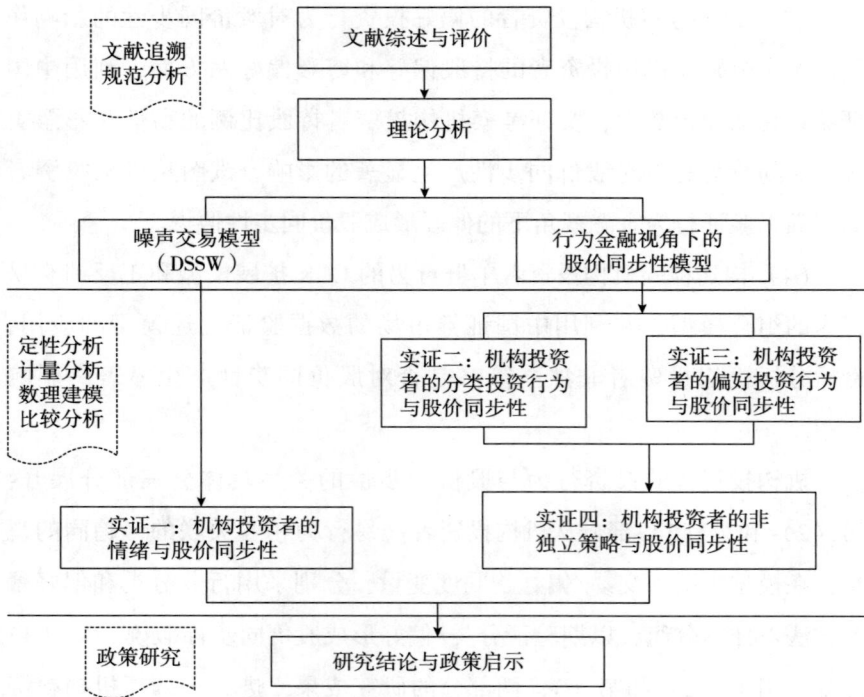

图 1-2　技术路线

三、结构安排

本书以机构投资者群体对股价同步性的影响为聚焦中心，围绕机构投资者情绪和相互关联的、趋同的投资行为对股价同步性的影响展开。

第一章在分析中国证券市场存在问题的基础之上，提出本书研究的主要问题，并说明研究的理论价值和实践意义，阐述研究的方法和技术路线，最后对研究的目标、方法和创新点进行介绍。

第二章在国内外文献研究的基础上，系统地评述投资者特别是机构投资者与股价同步性关系研究的进展。从股价同步性的概念和内涵、股价同步性的两大学派、投资者情绪的内涵和度量、机构投资者的分类和偏好投资行为、羊群行为、正反馈交易行为以及投资者情绪和投资行为对股价同步性的影响等方面对国内外研究进行述评，分析总结已有研究存在的问题和不足，提出本书研究的切入方向。

第三章从有效市场假说与行为金融理论、噪声交易模型（DSSW）和行为金融视角下的股价同步性三个方面，对股价同步性的成因进行文献回顾，为笔者的实证分析奠定了理论基础。

第四章实证分析机构投资者情绪与股价同步性的关系。本章首先选取股指期货净头寸（NP）、资金流入流出净家数（NN）和沪深300指数交易量（TV）三个初级指标，采用主成分分析方法，构建机构投资者情绪综合指标，并实证考察机构投资者情绪与股价同步性的关系。

第五章实证分析机构投资者的分类投资行为与股价同步性的关系。本章将机构投资者的分类投资行为细分为非趋同交易、趋同交易以及两者的混合三种情形对股价同步性的影响进行研究。从机构投资者的层面，验证行为金融视角下的分类形成股价同步性假说。

第六章实证分析机构投资者的偏好投资行为与股价同步性的关系。主要完成两方面的工作：首先，实证分析机构投资者的持股偏好对股价同步性的影响；其次，实证分析机构投资者的彩票类股票交易行为对股价同步性的影响，为机构投资者持股和博彩偏好对股价同步性的影响提供经验证据。从机构投资者的层面，验证行为金融视角下的偏好形成股价同步性假说。

第七章首先从机构持仓变动的视角，理论方法上对传统的 CCK 模型进行扩展，并利用中国证券市场的数据验证扩展模型的应用；其次，从资金驱动的新视角，构建资金—收益驱动模型和收益—资金诱导模型的正反馈交易行为的组合模型，并实证考察股指期货上市后将近两年的时间内我国基金是否整体上采取了正反馈交易策略；最后，分析机构投资者的非独立策略对股价同步性的影响作用。

第八章主要完成以下三方面的工作：第一，对研究的结论进行总结；第二，对研究结论对政策实践的启示进行说明；第三，对研究存在的局限性和今后将要进一步研究的方向进行分析和展望。

第三节　研究目标和方法

一、研究目标

根据以上的主要研究内容，可以归结出本书的研究目标为：

（1）深入研究我国机构投资者情绪对股价同步性的影响作用。在构建中国机构投资者情绪综合指标的基础上，利用中国证券市场的数据，实证分析和检验机构投资者情绪是否对股价同步性现象产生显著的影响。希望通过本书的研究进一步阐明机构投资者情绪对股价同步性的重要作用，以支持定性分析的结论。

（2）深入研究我国机构投资者的分类投资行为对股价同步性的影响作用。参照中国证监会公布的行业分类标准，利用中国证券市场的面板数据，实证分析和检验机构投资者的分类投资行为是否对股价同步性现象具有显著的影响。希望通过本书的研究进一步验证分类形成的股价同步性假说，以支持定性分析的结论。

（3）深入研究我国机构投资者偏好投资行为对股价同步性的影响作用。采用偏好聚类方法对中国证券市场的面板数据分组，实证分析和检验机构投资者持股比例的高低和彩票类股票交易行为是否对股价同步性现象具有显著的影响。希望通过本书的研究进一步验证偏好形成的股价同步性假说，以支持定性分析的结论。

（4）深入研究我国机构投资者非独立策略及对股价同步性的影响作用。理论方法上构建检验机构投资者羊群行为的 CCK 扩展模型和正反馈交易行为的组合模型，并利用中国证券市场的数据验证上述模型的应用。最后，基于实证结果，分析机构投资者的非独立策略与股价同步性的关系。希望通过本书的研究进一步阐明机构投资者的非独立策略对股价同步性的重要影响，以支持定性分析的结论。

二、研究方法

本书拟综合采用文献追溯、数理建模和计量分析、规范分析与实证分析等方法展开研究。

1. 文献追溯法

通过文献检索、阅读和分析，了解国内外机构投资者和股价同步性的研究现状，界定投资者情绪、投资行为和股价同步性的内涵以及实质，以此为基础，形成具体的研究思路和研究假设。

2. 数理建模和计量分析

本书探讨了机构投资者情绪、分类投资行为、偏好投资行为以及非独立策略对股价同步性的影响作用，主体部分采用了数理建模与计量分析相结合的方法。模型的构建方面，基本意图是阐释机构投资者的情绪和投资行为——特别是关联的、趋同的投资行为——是如何影响股价同步性的。

本书选取股指期货净头寸（NP）、资金流入流出净家数（NN）和沪深 300 指数交易量（TV）三个初级指标，以主成分分析法构建机构投资者情绪综合指标（CIISI），并建模分析 CIISI 是如何影响股价同步性的。

为了考察机构投资者的投资行为对股价同步性的影响，本书以三章的篇幅构建数理模型重点进行研究。

第五章构建股价同步性的度量模型（反映分类投资行为）、交易趋同度的度量模型、机构投资者的分类投资行为对股价同步性的影响模型，试图从机构投资者的层面验证行为金融视角下的分类形成股价同步性假说。

第六章分两部分。首先，构建机构投资者持股比例高、低组合模型，再分别对机构投资者持股比例分高、中、低三组进行实证分析，以考察机构投资者持股偏好是否对股价同步性产生显著的影响作用；其次，借鉴 Kumar（2009）提出的低股价、高特质波动率和高特质偏度识别股票的彩票特性，构建股价同步性的度量模型（反映偏好投资行为）、偏好趋同度的度量模型、博彩偏好对股价同步性的影响模型进行分析。[15] 本章的目的是从机构投资者的层面试图验证行为金融视角下的偏好形成股价同步性假说。

第七章首先给出横截面机构持仓变动绝对偏离度的定义，借鉴 Chang 等（2000）、孙培源和施东辉（2002）的分析思路，推导并证明当存在显著的羊群行为时，横截面机构持仓变动绝对偏离度与机构总持仓变动之间存在非线性关系。[16~17] 并据此建立非线性模型考察机构投资者的羊群行为，理论方法上对传统的 CCK 模型进行扩展并验证了该模型的应用。此外，从资金驱动的新视角，构建资金—收益驱动模型和收益—资金诱导模型的正反馈交易行为的组合模型，并实证考察股指期货上市后我国基金是否整体上采取了正反馈交易策略。

3. 规范分析与实证分析

规范分析是以一定的价值判断为基础，提出某些分析处理经济问题的标准，并寻求如何才能符合这些标准的理论与政策，即回答"应该是什么"的问题。实证分析是从某个可以证实的前提出发，对经济活动进行描述与分析，即回答"是什么"的问题。本书在规范研究的基础上，也将进一步进行丰富的实证研究。

第四节 本书创新

本书综合运用标准金融学、行为金融学、计量经济学等多学科领域的最新研究成果和知识，在借鉴与创新的基础上，将定性描述和定量分析相结合，从机构投资者情绪、分类投资行为、偏好投资行为等多个方面入手，针对机构投资者与股价同步性的关系进行了较为全面、系统的探索和研究，初步构建了机构投资者对股价同步性影响的理论框架。

本书建立在行为金融视角下的分类/偏好形成股价同步性理论之上，以机构投资者群体对股价同步性的影响为聚焦中心，围绕机构投资者情绪和投资行为特别是相互关联的投资行为对股价同步性的影响展开。从机构投资者情绪和投资行为非孤立的、趋同的视角对股价同步性进行研究，这是本书研究的特色。

在上述研究特色下，本书的创新性研究主要体现在以下几个方面：

（1）研究视角创新。本书界定了交易趋同度和偏好趋同度的概念，给出了其度量方法，并引入行为金融视角下的股价同步性模型（Barberis et al.，2005），[18] 从而可以从机构投资者交易行为趋同的视角进行研究，拓宽了对股价同步性研究的思路和视野。

（2）构建了机构投资者情绪综合指标（CIISI）。投资者情绪综合指标是未来情绪度量的主要发展方向之一，当前的文献主要集中在对市场整体综合情绪指标的研究。由于数据可得性等原因，鲜有文献研究机构投资者的综合情绪指标。笔者选取股指期货净头寸（NP）、资金流入流出净家数（NN）和沪深300指数交易量（TV）三个表征机构投资者情绪的初级代理变量，采用主成分分析方法，构建了机构投资者情绪综合指标（CIISI），从而丰富和深化了机构投资者情绪的研究。

（3）从机构持仓变动的视角，理论方法上对传统的CCK模型进行了扩展。以资本资产定价模型（CAPM）为基础，推导并证明了当存在显著的羊群行为时，横截面机构持仓变动绝对偏离度与机构总持仓变动之间存在非线性关系。并据此建立非线性模型，从而实现了对传统的CCK模型的扩展。模型扩展之后，使其可以进一步用于检测机构投资者的羊群行为，从而突破了传统的CCK模型只能用于检验整个市场是否存在羊群行为的局限性。

（4）从资金驱动的新视角，构建了机构投资者正反馈交易行为的组合模型。当资金—收益驱动模型的基金整体日持仓变动与超额收益率，以及收益—资金诱导模型的上一期超额收益率与基金整体日持仓变动之间，都存在显著的正相关关系时，三者之间便形成正反馈交易链。这两个模型的组合便构成了正反馈交易模型，使得其可以用于检验机构投资者的正反馈交易行为，而一般的模型只能检验整个市场是否存在正反馈交易行为。

图1-3和图1-4分别展示了本书在投资者情绪研究和机构投资行为与股价同步性研究文献中的贡献。

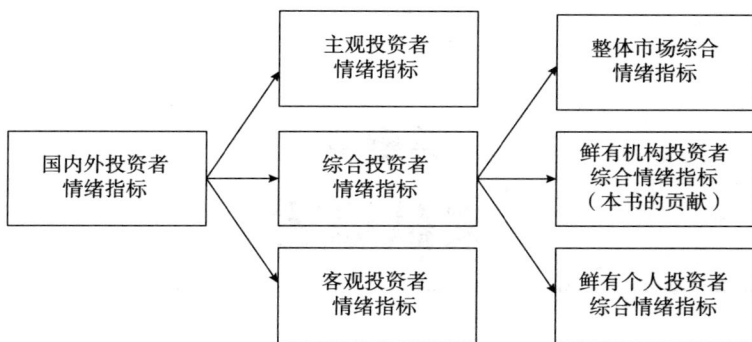

图1-3 在投资者情绪研究文献中的贡献

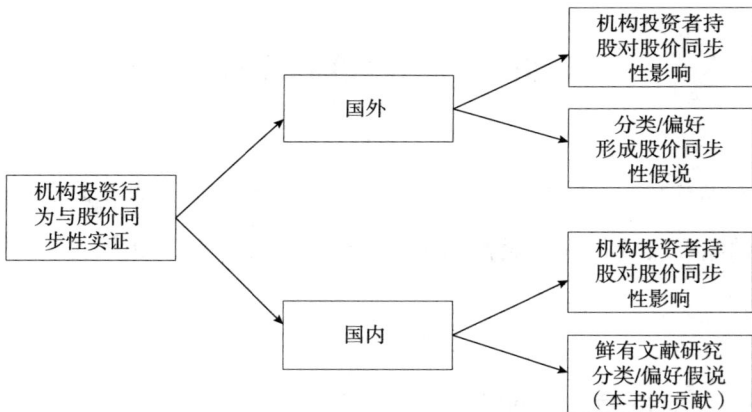

图1-4 在机构投资行为与股价同步性研究文献中的贡献

本章小结

本章首先从理论和实践的角度阐述了研究机构投资者情绪和投资行为对股价同步性影响的重要意义，接着阐述了本书的研究内容、技术路线与结构安排，并对本书的研究目标和研究方法进行了描述，最后对本书的创新点进行了说明。

第二章

文献综述

第一节 股价同步性

本书从行为金融学的视角，以机构投资者为切入点，研究机构投资者情绪和投资行为对股价同步性的影响作用，相关文献主要集中在三个方面。

一、股价同步性的概念与度量

股价同步性也称股价波动的同步性。这个概念最早由 Morck 等（2000）提出，它是指单个公司股票价格的变动与市场平均变动之间的关联性，即通常所说的"同涨同跌"现象。[2] 股价同步性概念在英文文献中，一般采用"Synchronicity"或者"Comovement"一词。

在中外文献中，对股价同步性的度量主要存在两种方法。一种较常见的方法是用资产定价模型（CAPM）对个股收益与市场收益的回归模型的拟合优度 R^2 来度量股价同步性。R^2 越大，表示个股收益变动被市场收益变动所解释的部分越大，股价同步性越高。该方法沿袭了 French

和 Roll（1986）、Roll（1988）的研究思路，并由 Morck 等（2000）作为股价同步性的概念正式提出。[19~20, 2] 其通过下列简化的资产定价模型的拟合优度 R^2 来度量股价波动的同步性：

$$R_{i, t} = \beta_0 + \beta_1 R_{m, t} + \varepsilon_{i, t} \qquad (2-1)$$

其中，$R_{i, t}$ 表示个股 i 第 t 日（周或月）的收益率；$R_{m, t}$ 表示市场第 t 日（周或月）的收益率；$\varepsilon_{i, t}$ 表示残差。由拟合优度的计算方法可知，模型（2-1）的 R^2 越大，说明市场收益对第 i 只股票收益的解释力度越大，其股价波动所包含的公司特质信息则越少，股价波动的同步性程度就越高；反之亦然。因此，R^2 可以作为衡量股价波动同步性高低的指标，同时也可以较好地衡量一只股票价格波动所反映出的公司特质信息含量的高低。

Durnev 等（2003）进一步在模型（2-1）中引入行业收益率，这样不仅考虑了个股与市场之间的同步性，同时也考虑了个股与所属行业之间的同步性。[21] 其模型如下：

$$R_{i, t} = \beta_0 + \beta_1 R_{m, t} + \beta_2 R_{I, t} + \varepsilon_{i, t} \qquad (2-2)$$

其中，$R_{I, t}$ 表示第 i 只股票所属的第 I 个行业的第 t 期收益率，$R_{i, t}$ 和 $R_{m, t}$ 的含义同上。从而，模型（2-2）的拟合系数反映了在总的股票收益波动中，可由市场层面和行业层面信息所解释的那部分所占的比重。

对股价同步性度量的另一种方法是采用回归模型的贝塔系数（β_i）作为股价同步性的度量。以回归系数 β_i 作为股价同步性的度量方法存在以下几个优点：首先，计算简单，容易得到；其次，模型（2-2）有很大的弹性，可以包括很多的控制变量；再次，β_i 包含的信息比拟合优度 R^2 丰富，因为 β_i 的值可以为正，也可以为负，不但显示数值而且包含了方向信息；最后，最重要的是，模型（2-2）中的 $R_{I, t}$ 不仅可以表示行业，还可以表示某个投资组合或者投资风格（Style）的收益，因此，β_i 还可以反映个股与某个投资组合或投资风格之间的股价同步性程度。Barberis 等（2005）、Pirinsky 和 Wang（2004）、Kumar 等（2010）的文献就采用贝塔系数作为股价同步性计量的方法。[18, 22~23]

二、信息效率学派

信息效率学派的代表性人物为 Morck，该学派认为股价同步性反映了公司私有信息或特质信息纳入股价的程度。R^2 越高，股价中蕴含的公司私有信息或特质信息越少，股价同步性越高。Morck 等（2000）首次提出"股价同步性"的概念，并使用 R^2 来度量股价同步性的程度。[2] 他们采用 40 个国家的数据分析发现，发达市场的股价同步性比新兴市场低，并将这种差异归结为投资者产权保护程度的不同。完善的法律制度促进了信息交易者的交易活动，从而导致较低的股价同步性。

信息效率的概念和观点后来得到了理论界的普遍采用，也获得了一系列实证研究的支持。将信息效率学派的文献进行归纳，依据研究的重点不同，可以分为国家、市场和公司三个层面。

1. R^2 与国家制度建设

学者们集中研究了 R^2 与投资者产权保护、信息透明度、制度环境等国家制度建设的关系。

（1）R^2 与投资者产权保护。Morck 等（2000）发现发达市场的 R^2 较低，而新兴市场的 R^2 则普遍较高，并把这种差异归结于发达市场与新兴市场国家之间的投资者产权保护程度的不同。[2] Fox 等（2003）指出，在较低投资者产权保护的国家中，政府往往凌驾于法律之上干预企业经营活动，结果会增加信息交易者的套利风险，使噪声交易者成为市场的主导，股价波动也表现出较高的同步性。[24]

（2）R^2 与信息透明度。Jin 和 Mayers（2006）通过国别之间的横向比较，进一步补充了 Morck 等（2000）的结论，认为投资者产权保护本身并不能解释国家之间股价同步性的不同，新兴市场具有相对较高的股价同步性的关键在于缺乏透明度。指出信息透明度与股价同步性两者之间存在负相关关系，即透明度越低，股价反映公司特质信息越少，股价同步性越高。[3, 2] Bushman 等（2004）指出，公司透明度往往内生于国家司法体系。[25] 国内学者游家兴等（2006）承袭 Morck 等（2000）的研究方法，发现伴随着制度建设的逐步推进、不断完善的历史过程，股价波动的同步性趋向减弱，股票价格所反映出的公司特质信息越来越丰富。[26]

（3）R^2 与制度环境。袁知柱和鞠晓峰（2009a）研究表明，在制度环境较好的省市，股价信息含量较高。[27] 唐松等（2011）以 2004~2007 年所有的民营 A 股上市公司为样本，对政治关系与股票价格的信息含量进行了研究。[28]

2. R^2 与市场有效性

学者们主要从资源配置效率、资本预算效率等方面展开研究。

（1）R^2 与资源配置效率。以 R^2 作为股价信息含量的度量指标，Wurgler（2000）从产业视角分析了全球 65 个国家的资源配置效率，发现与 R^2 较高的国家相比，R^2 较低国家的金融市场更倾向于引导资源从低效率行业流出，转而投入高效率、高成长性行业，显现出更高的资源配置效率；而过高的股价同步性导致金融市场无法有效引导资源流向高质量、高效率企业，损害了资源配置效率。[10] 游家兴（2008）发现，随着市场信息效率的提高，资本更快地实现由低效率领域向高效率领域的转移，资源配置效率得以有效改善。[29] 袁知柱等（2012）认为中国股票市场信息效率与国家资源配置效率显著正相关。[30]

（2）R^2 与资本预算效率。Durnev 等（2004b）利用托宾的 Q 的边际比率相对行业最优水平的偏离作为投资效率的测度，分析了股价同步性与资本预算效率之间的关系。发现公司的 R^2 与资本预算效率之间存在负相关关系，即 R^2 越高，其资本投资决策的效率也越差。他们指出，偏高的股价同步性会降低资本预算效率，无法有效抑制管理层进行盲目、无效率投资的倾向，从而使得资本预算偏离公司价值最大化的目标。[31]

3. R^2 与公司治理

学者们对这部分的研究主要从投资者保护、信息透明度、微观治理三个方面展开。

（1） R^2 与投资者保护。De Fond 和 Hung（2004）对 33 个国家上市公司的 CEO 变更进行了实证分析，发现在投资者保护执行力度越弱的国家，股价同步性较高的公司，CEO 因业绩下降而被变更的可能性越小。过高的股价同步性使得识别和变更业绩表现差的 CEO 的可能性降低，从而影响公司治理的有效性。[12] Ferreira 和 Laux（2007）发现，较少的反并购条款能带来高水平的特质波动风险，使股票价格中包含较多未来会计盈余信息。[32]

（2） R^2 与信息透明度。游家兴等（2007）认为公司的会计信息透明度和组织结构透明度越低，股票价格所反映出的公司特质信息的含量越低，股价波动的同步性越强。[33] Hutton 等（2009）也发现，在一个市场内部的不同股票之间，信息透明度越低的公司，股价的信息含量越低，从而股价波动的同步性越高。[9]

（3） R^2 与微观治理。Chen 等（2007）认为股价同步性的高低在很大程度上反映了市场对公司基本价值的判断，从而促使管理层在做投资决策时更为慎重。[13] 蒋海等（2010）认为上市公司的微观治理机制越好，其股价波动的同步性越低；对投资者来说，其投资价值也越高。[34] 李留闯等（2012）发现拥有连锁董事公司的股价同步性更高。[35] 于忠泊等（2013）研究发现会计稳健性与股价信息含量之间存在显著的正相关关系。[36]

另外，Durnev 等（2003）、袁知柱和鞠晓峰（2009b）对股价波动的同步性测度公司信息含量的有效性进行了检验，都发现较低 R^2 的公司，其现期收益与未来收益高度正相关，股价中包含了更多的公司未来盈余信息。[21, 37] 其他的研究，如陈梦根和毛小元（2007）发现较低的股价同步性公司的股票交易活跃，认为是高信息含量所致。[38] 肖浩等（2011）发现个股信息性交易概率对股价同步性有负向影响，市场信息性交易概率与股价同步性有正相关关系。[39] 上述研究发现为 R^2 作为股价信息含量的解释提供了有利的实证支持。

但也存在不同的观点，如朱蓉（2011）发现噪声交易对 R^2 有负向作用，且 R^2 和价格中的信息含量并不支持 Durnev 等（2003）的结论。[40, 21] 还有一种观点认为 R^2 与股价信息含量之间并不是单调的关系，例如，Xing 和 Anderson（2011）、代昀昊等（2012）都认为股价同步性与信息效率之间呈现倒 "U" 形关系。[41~42]

三、非理性行为学派

基于理论研究和实证结果，有学者开始质疑信息含量的解释，认为影响股价同步性的是噪声而非信息。Shiller（1981）认为公司基本面变动无法解释过度波动现象，股价波动率很大一部分是由噪声引起的。[43] 非理性行为学派的代表人物为 West，该学派认为股价同步性反映的是股票收益中的噪声、泡沫、投资者情绪以及其他非基本面因素的非理性行为和因素。West（1988）发现个股的波动率远远超过公司基本面信息所能解释的程度，其原因在于噪声、泡沫以及投资者情绪所引发的与公司基本面无关的非理性行为。且 R^2 越小，公司特质信息含量越少，噪声却越多。[8]

非理性行为学派主要从信息含量、金融"异象"、投资者情绪和投资者行为四个方面进行研究。

1. R^2 与信息含量

Kelly（2005）发现较低 R^2 的公司信息环境更差，认为低 R^2 不是因为信息交易者的交易使得公司特质信息纳入股票价格。[44] Ashbaugh-Skaife 等（2006）用六个国家的面板数据考察 R^2 和股价信息含量的关系，发现在德国和美国两者之间存在正相关关系，而英国、法国、澳大利亚和日本四国并不存在显著的相关关系。[45] 国内学者孔东民和申睿（2007，2008）也发现，在中国股市，R^2 更大程度上反映了市场噪声而非信息效率。[46~47] Wang 等（2009）分析了中国证券市场公司投资与股票价格的关系，发现高 R^2 与低 R^2 组之间并没有显著的信息量差别。[48] 林忠国等（2012）发现较低股价同步性公司具有较强的盈余公告后漂移，且股价较少反映当期和未来盈余信息，认为不能简单地将股价同步性视为公司层面信息的度量。[49]

2. R^2 与金融"异象"

Hou 等（2006）发现交易频繁的股票更能吸引投资者的注意，当投资者对一只股票关注度不高的时候，他们不太可能交易；而当关注度过高的时候，一些诸如过度自信的行为偏差会带来更多的交易行为。[50] 他们认为 R^2 与投资者处理信息行为的偏差有关，其实证结果也表明，公司股票的 R^2 与股价走势的惯性呈负相关关系，即 R^2 越低，惯性和反转越显著，说明 R^2 代表定价的无效率。Teoh 等（2008）通过四个违反有效市场假设（EMH）的检验和 R^2 与盈余反应系数（Earnings Response Coefficient）关系的直接检验，发现 R^2 与证券市场异象负相关，即 R^2 越低，异象越显著，从而与"信息效率观"不符。[51]

3. R^2 与投资者情绪

本部分的文献梳理本书独立一节进行阐述，详见本章的第二节。

4. R^2 与投资者行为

Kumar 等（2010）从股价和公司所在地区的角度对美国个人和机构投资者的交易与股价同步性关系进行研究，认为偏好相同的个人投资者的交易增加了股价同步性，而作为信息交易者的机构投资者起到了降低股价同步性的作用。[23] Hsina 和 Tseng（2012）指出投机交易和与世界封闭的市场环境会导致更高的股价同步性问题。[52] 关于机构投资者行为对股价同步性影响的文献梳理本书也独立一节进行阐述，详见本章第三节第四部分。

随着股价同步性理论和实证的发展，逐渐出现了"信息效率学派"与"非理性行为学派"协调的趋势。例如，Lee 和 Liu（2011）把公司特质收益分成信息和噪声两部分建立一个带噪声的多期理论模型，实证上也表明了特质波动率与信息存在非线性关系，而与噪声存在线性关系，从而协调了"信息效率学派"和"非理性行为学派"的观点。[53] 国内学者许年行等（2011）对股票收益的"惯性"和"反转"与 R^2 之间的关系进行了实证检验和理论分析，发现不同市态下股价同步性的生成机理不同。[54] 对此，他们提出了一种基于信息和心理行为互动关系的协调解释。夏芳（2012）也认为不能简单地以股价同步性的高低来衡量股价的信息效率，需结合影响股价同步性的信息不对称和心理因素进行新的解释。[55]

第二节　投资者情绪与股价同步性

一、投资者情绪的内涵

投资者情绪研究一直是行为金融学研究的热点前沿，也是行为金融学用来解释资本市场异象的理论基石之一。行为金融学认为，投资者信念和偏好异质且相互影响，在情绪感染、模仿和学习等社会互动机制的作用下，投资者情绪和行为趋于一致，以及有限套利的存在，往往会导致资产价格偏离正常水平。因此，投资者情绪是影响资产定价的系统性风险之一（De Long et al.，1990a）。[56]

关于投资者情绪的定义，学者们从不同的角度给出不同的解释，目前尚未有统一的说法。Shleifer（2000）把情绪看作是投资者的非理性形式，是错误应用贝叶斯法则或者违背主观预期效用理论而形成的信念和价值的过程。[6] Barberis 等（1998）把非理性投资者，即噪声交易者，对股票价格定价的信念定义为投资者情绪。[57] 饶育蕾和刘达峰（2003）把投资者情绪看作是投资者对未来带有系统偏差的预期。[58] 王美今和孙建军（2004）认为投资者情绪在市场上广泛存在，是投资者投资决策中"基于情感的判断"，并且其对股票市场收益和波动的影响会由沪深两市表现出来。[59] Brown 和 Cliff（2005）将情绪变量与股票市场的错误定价联系起来，他们发现投资者情绪与市场收益存在显著的正相关性，意味着在市场乐观（或悲观）期间，其价值会倾向于高估（或低估）。[60] Baker 和 Wurgler（2006，2007）对投资者情绪做出了明确的定义，即所谓投资者情绪就是投资者对资产未来现金流和投资风险的预期而形成的一种信念，但这一信念并不能完全反映当前已有的事实。[61~62] 本书比较倾向于 Baker 和 Wurgler（2006，2007）对投资者情绪的定义。由于未来存在不确定性，投资者对证券资产未来现金流的大小和风险变化，只能形成一种信念或预期，而难以做出准确的评估。这种信念或预期除了与资产基本面相关外，还与投资者的个人禀赋、偏好等特性相关，是投资者对资产未来价值的一种"主客观"的综合判断。

总体而言，投资者情绪的内涵包括两个层面：其一，投资者的认知因素，它是投资者对于证券市场中的各种客观信息做出的主观性的综合评估。因此，对于同一资产或市场，不同的人会有不同的认知，从而形成不同的信念，即称之为"情绪"。这是关键因素。其二，投资者情绪是在社会互动机制的作用下由群体互动产生的，它包括市场整体投资者情绪、机构投资者情绪和个人投资者情绪。这种情绪是由于其群体成员在投资的过程中相互影响而形成。在研究公司股票价格收益和波动方面，投资者情绪研究是标准金融理论之基本面研究的对立面，目的是探索非理性投资者心理作用下的信念或预期对股票价格收益和波动的影响规律。

二、投资者情绪的度量

投资者情绪研究的关键在于情绪的度量，当前有关投资者情绪度量的指标体系主要有三类：第一类是通过问卷形式直接调查投资者对市场未来走势的主观看法，即为主观指标；第二类是通过整理分析资本市场中公开的交易数据，从侧面客观反映投资者的情绪变化，故称为客观指标；第三类则通过把多个单一主观或客观指标综合在一起，称之为综合性指标。单一性的指标只能反映投资者情绪的某一部分，难免出现片面和偏差。显然，综合性指标相比单一指标能更全面、更真实地反映投资者情绪的变化，因此众多学者逐渐转向综合性情绪指标的构建上来（易志高等，2010，2011；闫伟、杨春鹏，2011；胡才泓、梅国平，2014）。[63~66]

1. 主观情绪指标

主观情绪指标包括两种，其调查对象包括机构和个人投资者。一种是基于投资者对股票市场未来行情的判断，如国外的投资者智慧指数（Investor Intelligence）、分析师情绪指数、个体投资者协会指数、CBSI（Consensus Bullish Sentiment Index），国内的"央视看盘"和好淡指数等，都是基于投资者对下一期股市行情的看涨和看跌的比例数据构成；另一种则是基于投资者对未来经济和投资前景的看法或信心状况，如国外的瑞银集团/盖洛普（UBS/Gallup）发布的投资者信心指数，国内的巨潮投资者信心指数和"耶鲁-CCER中国股市投资者信心指数"等。主观情绪指标汇总如表2-1所示。

表2-1 主观情绪指标汇总

指数名称	学术界应用该指标的主要文献
投资者智慧指数	Solt 和 Statman（1988）、Lee 等（1991）、Siegel（1992）、Neal 和 Wheatley（1998）、Lee 等（2002）、Brown 和 Cliff（2004）[67~72]
分析师情绪指数	Black（1973）、Copeland 和 Mayers（1982）、Elton 等（1986）、林翔（2000）、胡凯（2011）、饶育蕾和刘达峰（2003）[73~77, 58]
个体投资者协会指数	Fisher 和 Statman（2000）、Brown 和 Cliff（2005）[78, 60]
央视看盘	饶育蕾和刘达峰（2003）、王美今和孙建军（2004）[58~59]、刘超和韩泽县（2006）、Kling 和 Gao（2008）[79~80]

指数名称	学术界应用该指标的主要文献
好淡指数	程昆和刘仁和（2005）、陈军和陆江川（2010）、陆江川和陈军（2013）[81~83]
消费者信心指数	Fisher 和 Statman（2003）、薛斐（2005）、Qiu 和 Welch（2006）[84~86]

投资者情绪与市场收益相关性的研究主要有两种结论：一种是投资者情绪对股票收益没有影响（Solt and Statman，1988；Fisher and Statman，2000；林翔，2000；饶育蕾、刘达峰，2003）。[67, 78, 76, 58] 另一种是投资者情绪对股票收益有影响（见表2-1中除去以上没有影响的其余文献）。需要指出的是，虽然投资者对未来行情看涨或看跌，但他们在实际的投资过程中，并不会完全按照情绪进行交易（Fisher and Statman，2000）。[78] 因此，主观投资者情绪指标并不能全面反映投资者在决策过程中的真实情绪，这就需要采用客观性情绪指标来考察投资者的情绪。

2. 客观性情绪指标

（1）市场整体情绪指标。能够用来表征市场整体情绪的客观性指标较多，其中表征能力较强的有 IPO 首日收益（First Day Return of IPO）及 IPO 数量（Number of IPO）、股市换手率、涨跌比（ARMS）和期权认沽认购比等。这类变量能够用来表征市场整体情绪，是因为机构投资者或个人投资者对这些变量并不明显地占有优势，其可以代表所有投资者的情绪。市场整体客观性情绪指标汇总如表2-2所示。

表 2-2　市场整体客观性情绪指标汇总

指标名称	计算方式	学术界应用该指标的主要文献
IPO 首日收益及 IPO 数量	股票首次公开发行当天收益率及 IPO 数量	Brown 和 Cliff（2005）[60]、Ljungqvist 等（2006）[87]
换手率	成交量/股票数量	Amihud 和 Mendelson（1986）、Brennan 和 Subrahmanyam（1996）、Jones（2002）、Baker 和 Stein（2004）[88~91]
涨跌比	单位成交量的上涨家数与下跌家数之比	Wang 等（2006）[92]
期权认沽认购比	看跌期权合约的交易量/看涨期权合约的交易量	Brown 和 Cliff（2004）、Dennis 和 Mayhew（2002）、Bauer 等（2009）[72, 93~94]

（2）机构投资者情绪指标。受限于机构投资者相关数据的可得性以及数据周期较长等原因，能够用来表征机构投资者情绪的客观性指标较少，这类代理变量主要有机构持股占比、基金资产中的现金比例、大额交易占比和标普 500（S&P 500）股指期货净头寸变化等。机构投资者客观情绪指标汇总如表 2-3 所示。

表 2-3　机构投资者客观情绪指标汇总

指标名称	计算方式	学术界应用该指标的主要文献
机构持股占比	机构持股总额/机构总市值	Bernile 和 Lyandres（2007）[95]
基金资产中的现金比例	基金持有的现金/基金总市值	Brown 和 Cliff（2004）[72]、Brown 和 Cliff（2005）[60]
大额交易占比	大额交易金额/总交易金额	Bradley 等（2009）[96]
股指期货净头寸变化	股指期货净头寸数据标准化	Wang（2003）、Han（2005）[97~98]

（3）个人投资者情绪指标。能够用来表征个人投资者情绪的客观性指标有封闭式基金折价率、共同基金净买量（Net Purchases of Mutual Funds）、共同基金净赎回率（Net Mutual Fund Redemptions）、小额交易

占比（the Proportion of Small Trades）、零股买卖率、灰色市场（欧洲 IPO 的预发行市场）的价格、买卖失衡指标和非预期投资者开户增长率等。个人投资者客观性情绪指标汇总如表 2-4 所示。

表 2-4　个人投资者客观性情绪指标汇总

指标名称	计算方式	学术界应用该指标的主要文献
封闭式基金折价	（封闭式基金单位净值−单位市价）/基金单位净值	Lee 等（1991）、Neal 和 Wheatley（1998）、Chen 等（1993）、Elton 等（1998）、伍燕然和韩立岩（2007）[68, 70, 99~101]
共同基金净买量	基金申购量−基金赎回量	Neal 和 Wheatley（1998）[70]、Brown 和 Cliff（2005）[60]
共同基金净赎回率	（赎回份额−申购份额）/共同基金总体份额	Neal 和 Wheatley（1998）[70]
小额交易占比	小额交易金额/总交易金额	Bradley 等（2009）[96]

主观或客观的单一代理变量表征情绪的文献中，相关研究结论的分歧较大。这可能是采用单一变量只能表征投资者情绪的某个方面，并不能全面反映投资者在决策过程中的真实情绪。因此，近年来，对综合性情绪指标的研究成为该领域的发展趋势。

3. 综合性情绪指标

（1）市场整体情绪指标。综合性市场整体情绪指标在构建的过程中大都采用主成分分析方法，所选择的单一代理变量通常也比较繁杂，既有客观情绪指标也有主观指标，既有能单独表征市场整体情绪的指标，也有能表征个人甚至机构投资者情绪的指标。市场整体综合性情绪指标汇总如表 2-5 所示。

表 2-5　市场整体综合性情绪指标汇总

指标出处	选用的单一代理变量
Baker Wurgler (2006)[61]	封闭式基金折价率、换手率、IPO 数量、IPO 首日收益率、新股发行占比、股利溢价（六个）
Liao 等 (2011)[102]	个股平均收益、个股平均成交量、S&P 500 指数收益、罗塞尔（Russell）2000 指数收益、S&P 500 指数成交量、S&P 500 指数期权认沽认购比、IPO 首日收益、IPO 发行量、NYSE 股票换手率、共同基金净买量（十个）
张强和杨淑娥 (2009)[103]	封闭式基金折价率、股票换手率、新增投资者开户数（三个）
蒋玉梅和王明照 (2009)[104]	封闭式基金折价率、股票换手率、新增投资者开户数、消费者信心指数（四个）
易志高和茅宁 (2009)[105]	封闭式基金折价率、股票换手率、IPO 数量、IPO 首日收益率、新增投资者开户数、消费者信心指数（六个）
宋泽芳和李元 (2012)[106]	封闭式基金折价率、股票换手率、IPO 数量、IPO 首日收益率、新增投资者开户数（五个）

　　其中，较为著名的是 Baker 和 Wurgler（2006）的研究，他们构建的指标被学者们称为 BW 情绪指标并被广泛地使用。[61] 如表 2-5 所示，Baker 和 Wurgler 采用封闭式基金折价率等六个单一代理变量的年度数据以主成分分析法构建了投资者情绪的综合指标，并研究了投资者情绪对股票收益的横截面影响。此后，BW 情绪指标影响深远并被广泛地使用，与此相关的文献较多，也为未来的研究指明了方向（Baker and Wurgler，2007；Glushkov，2006；Ho and Hung，2009；Kurov，2010；Baker et al.，2012；Stambaugh et al.，2012；Dergiades，2012）。[62, 107~112] Baker 和 Wurgler（2007）以月度数据构建了 BW 情绪指标并检验了其与 40 年来历史泡沫之间的图像验证关系，结果表明 BW 指标能很好地反映历史泡沫发生的时间。[62] Kurov（2010）采用 BW 情绪指标研究了货币政策通过投资者情绪传导而影响股市收益间的关系。[109] Baker 等（2012）构建了六个主要国家股票市场的 BW 情绪和全球的投资者情绪

指标并分析了其与各国市场收益之间的关系。[110]

从表2-5可知，近年来，国内学者对构建我国股票市场的情绪综合指标方面也展开了积极的研究。借鉴Baker和Wurgler（2006，2007）的思想[61~62]，张强和杨淑娥（2009）采用1998年5月至2006年12月的封闭式基金折价率、市场换手率等月度数据作为投资者情绪指标的代理变量，运用因子分析法构造综合情绪指数，并应用OLS和GARCH-M回归法分析了该情绪指数及波动与股票收益之间的关系。[103]结果表明，投资者情绪是影响股票价格的系统性因子，并且情绪的升降对股票价格的影响是不对称的，情绪上升对股票价格的影响要比下降强得多。蒋玉梅和王明照（2009）采取主观指标与客观指标相结合的方式，除了采用股票市场交易变量外，还增加了消费者信心指数，运用主成分分析方法综合表征市场情绪，并探讨了投资者情绪对股票横截面收益的影响。[104]易志高和茅宁（2009）采用封闭式基金折价率等六个单一代理变量，同时控制了经济基本面因素对情绪的影响，以主成分分析方法构建了中国市场的投资者情绪综合指数。[105]宋泽芳和李元（2012）选取封闭式基金折价率和月度IPO数量等五个代理变量，以主成分分析方法构建了情绪综合指数。[106]在此基础上，分析和研究了该指数与股票特征之间的关系。实证结果表明，我国股票市场在一定时期内，投资者情绪易于影响规模较大、波动率较高和市净率较高的股票。

（2）机构投资者与个人投资者情绪综合指标。根据投资者主体的不同，投资者情绪分为市场整体情绪、机构投资者情绪和个人投资者情绪。针对机构投资者与个人投资者的情绪综合指标是指采用多个仅能体现机构投资者或个人投资者表现特征的变量所构建的情绪指标，但该方面的研究鲜有文献涉及，可能会成为未来研究的一个重要方向。因此，许年行等（2011）在阐述股价同步性研究领域存在的问题时指出，"非理性行为学派"在分析投资者情绪对股价同步性影响时，并未区分投资者不同类型心理偏差及对股价同步性所可能产生的不同影响。[54] 如何选择有代表性的多个代理变量分别描述、刻画或解释机构和个人投资者情绪，并研究两者之间的交互式关系及分别对市场收益的影响，是亟待解决的问题。

综上所述，客观性指标能较为准确地表征投资者心理和行为的变化，但其都是通过事后追溯得到的，不能用于事前预测；主观性指标虽然通过事前直接调查，但由于其主观性成分过重，而金融市场瞬息万变，且事前的情绪反应并不会必然导致一定的行为，因而其测量误差较大。可见，大多数单一的指标只能在一定程度上反映投资者情绪的变化，但都表现出不完整性。因此，通过从单一情绪代理变量提取共同情绪因子，可以更全面地衡量投资者情绪的变化，因此众多学者逐渐转向对综合投资者情绪指标的构建上来。

投资者情绪综合指标是未来情绪度量的主要发展方向之一。从实证效果来看，情绪综合指标能较好地反映投资者的情绪特征，如对未来收益具有反向的预测作用或对当期和未来收益具有显著的影响（张强、杨淑娥，2009；蒋玉梅、王明照，2009；Baker and Wurgler，2000；Frazzini and Lamont，2008；Schmeling，2009；等等）。[103~104, 113~115] 此外，在横截面上，投资者情绪综合指标对个体投资者偏好的股票、有卖空限制的股票、难以估值和套利的股票或者规模较大、波动率较高、市净率较高的股票影响更为显著（Kumar and Lee，2006；Stambaugh et al.，2012；宋泽芳、李元，2012）。[116, 111, 106] 与单一代理变量对情绪表征能力的认可度不同，综合情绪指标的表征能力得到了众多学者的一致认可。但是，综合情绪指标在构建的过程中仍然需要进一步重点研究：一是如何确定选取的情绪代理变量具有良好的代表性，即如何对这些变量在作为投资者情绪代理变量，以及构建出来的综合指数的

"好"与"坏"的比较问题;二是时间频率问题,综观国内外文献,选取年、季、月的都有,像中国这样的新兴市场,哪种时间周期的情绪指标更适合还有待于进一步研究;三是研究方法问题,有没有其他更好的方法,就是 BW 的做法本身也有值得商榷的地方(胡昌生、池阳春,2012)。[117]

三、投资者情绪对股价同步性的影响

投资者情绪与股票收益(股价)关系的研究文献较为丰富,学者们集中研究了投资者情绪与股票短期、中期、长期收益,以及投资者情绪与股票横截面收益之间的关系(Brown and Cliff,2004;林翔,2000;Fisher and Statman,2000;Baker and Stein,2004;张强、杨淑娥,2009;蒋玉梅、王明照,2009;宋泽芳、李元,2012;Stambaugh et al.,2012;Frazzini and Lamont,2008;Schmeling,2009;Kumar and Lee,2006;Shan and Gong,2012;Jiang and Li,2013)等。[72, 76, 78, 91, 103~104, 106, 111, 114~116, 118~119] 如前文所述,投资者情绪与股票收益相关性研究的结论有两种,一种是投资者情绪对股票收益有影响,另一种是没有影响,争议较大。

近些年来,随着股价同步性的研究成为财务学研究的热点,投资者情绪对股价同步性的直接影响也逐渐成为研究的重点。Barberis 等(2005)、Greenwood 和 Sosner(2007)发现投资者情绪和市场摩擦会影响股价的同步性。[18, 120] Kumar 和 Lee(2006)使用个人投资者交易追溯其情绪的变化,发现规模小、价值股、低机构持股和低价格的股票是个人投资者较集中交易的股票,且在这些个人投资者交易较集中的个股中,个人投资者的情绪显著影响股价的同步性。[116] Kumar 等(2012)以股票拆分和公司总部搬迁事件前后的对比分析也得到了与此类似的结论。[121] Cheng（2011）研究结果表明，以机构投资者持股为基础的股价同步性在较高市场情绪、市场下跌和较高市场波动的情况下被放大，股价的同步性可以被分类投资或客户群体效应解释。[122] Frijns 等（2012）发现自 19 世纪 60 年代以来，世界股票市场的相关性变得越来越紧密。他们把股票收益分解成基本面和非基本面两部分，发现变得越来越紧密的是非基本面因素，并得出了股价同步性主要是由投资者情绪驱动的结论。[123] Chandra 和 Thenmozhi（2013）认为非理性的投资者情绪和相关联的交易活动显著影响股价波动的同步性。[124] 国内学者也得到了一致的结论，许年行等（2011）认为投资者心理偏差是影响股价同步性的重要原因之一。[54] 夏芳（2012）采用 2002～2010 年中国股市和上市公司样本，检验盈余管理和投资者情绪对股价同步性的影响。[55] 结果显示，盈余管理使股价同步性降低，而投资者情绪波动使股价的同步性上升。Hu 和 Wang（2012）使用 A 股市场的数据分析投资者情绪对资产估值的冲击时，发现投资者情绪对股价同步性有逐步增强的解释能力，当投资者乐观（或悲观）时，股票的超额收益率也更高（或更低）。[125]

第三节　机构投资行为与股价同步性

机构投资行为，即机构投资者的投资行为，具体到证券市场上而言，机构投资行为是指机构投资者买卖或者持有证券的行为。一系列具有共同目的的投资行为便组成了投资策略。通常认为，机构相比于个人投资者，拥有着较丰富的人才、信息、资金和投资经验等优势，他们有能力通过自身的交易行为直接影响股价，也可以通过影响那些观察机构投资行为的个人投资者的交易决策间接影响股价。

一、分类与风格偏好投资行为

对有限注意的研究最初开始于认知心理学。在股票市场上，投资者的有限注意力将影响到其投资决策。Baber 和 Odean（2008）认为投资者的认知能力有限，在面临着成千上万种股票的选择时，只有那些吸引投资者注意（Attention-grabbing）的股票才会进入投资者选股的考虑集（Consideration Set）。[126] Lin 和 Wei（2006）指出，由于投资者有限注意力的限制，在一定时间内只能处理一定数量的信息。[127] 面对证券市场上的海量信息，投资者往往根据自己的兴趣、偏好轻重缓急分配自己的有限注意力，并指出投资者的有限注意力将导致分类别学习行为，即投资者倾向于关注市场或行业信息，而不是公司信息。基于中国市场的现状，本书重点从集中持股、板块轮动和风格偏好投资三个方面进行梳理。

1. 集中持股

中国的机构投资者集中持股行为，即"抱团取暖"现象比较明显。不管股市涨跌，选择少数几个品种坚持持股，稳中取胜，这是股神巴菲特的投资秘诀，也是"集中持股"理念的最好诠释。首只强调"集中持股"概念的基金产品，诺德优选30股票型基金于2011年4月1日公开募集，预计其持仓权重前30只个股的总权重至少占股票资产的80%。① 2013年基金二季报已披露完毕，各家基金公司都使出浑身解数寻找潜力股、冷门股并集体重仓持有，从而造成基金公司内部交叉持股、集中持股盛行。② 2013年基金三季报显示，在857只基金重仓股

① 潘清．"集中持股"概念基金现身内地市场［N］．经济参考报，2011-04-01（11）．
② 朱景峰．交叉持股集中持股成风，基金公司内部抱团取暖［N］．证券时报，2013-07-22（B05）．

中，有 40 只股票基金持股占流通盘比例超过 20%。其中，伊利股份基金持股比例最高，占到流通股比例的 46.18%。Wind 数据显示，被基金集中持股的 40 只股票中，创业板的个股有 16 只，占比为 40%（见表 2-6）。①

表 2-6　基金在 2009 年 3 月 31 日持股集中度

序号	开放式基金名称	持股集中度（%）
1	华安策略优选	38.09
2	中邮核心成长	35.66
3	大成蓝筹稳健	46.76
4	博时价值增长	42.96
5	嘉实理财稳健	53.14
6	汇添富均衡增长	32.04
7	诺安股票	35.07
8	融通新蓝筹	67.22
9	广发聚丰	58.16
10	易方达价值成长	31.73

资料来源：黄革和李林（2011）。[128]

黄革和李林（2011）取前十名重仓股占基金持股总市值的比例作为基金持股集中度指标，统计了 2009 年第一季度 20 亿元以上规模的不同基金管理公司的 10 只开放式基金数据。[128]　其结果如表 2-6 所示，10 只基金持股集中度为 30%~60%，平均为 44.05%，表明中国的投资基金持股集中度较高。

2. 板块轮动

众所周知，中国股市存在一种显著的板块轮涨现象（以下简称"板块现象"），何诚颖（2001）将板块现象定义为：在一定时期内，

---

① 陈霖. 基金持 40 只股票占流通股比超 20%，10 月以来重仓基金浮亏 111 亿元 [N]. 证券日报，2013-10-30（D03）.

某一事件导致相关联的股票的涨跌具有明显的一致性，板块事件可以是带有某种传统行业特征或地域特征性质的事件，也可以仅仅是某种炒作概念。[129] 他认为中国的板块现象是一种特殊的市场投机行为。彭燕和张维（2003）实证分析表明，风格效应、规模效应、行业轮换以及地区轮换效应明显存在于我国证券市场中。[130] 陈幕柴等（2009）实证得出了中国 A 股市场的行业板块之间存在领滞关系的动态变化特性。[131] 李贺和张玉林（2013）指出，考虑行业因素的投资组合更具有效性，这也与投行分板块选股实情相吻合。[132]

在国外，Froot 和 Teo（2003，2008）按规模（Size）、行业（Sector）、国家（Country）、风格（Style）、周期型/防御型（Cyclical/Defensive）划分板块维度，并对相应的板块现象和机构投资者的板块投资行为进行分析。[133~134] 结果发现，板块资金净流入与板块收益率存在正相关关系，板块资金净流入与板块收益率也可以作为个股预期收益率的重要解释变量，足够的证据显示机构投资者是按照板块分类进行选股、交易与投资的。

机构投资者集中持股是导致板块现象的直接原因之一，其深层次的影响因素主要有：①国家政策因素。中国股票市场的结构矛盾、供需矛盾以及市场参与者不成熟等原因，使政府强化了对股票市场的监管和调控，导致中国股市一直有所谓的"政策市"之称。国家的宏观政策、行业发展规划、股市政策较大程度地影响了中国股市的板块轮动现象。②公司自身运行状况。随着近年来价值投资理念的深入人心，上市公司的业绩是投资者最为关注的方面之一，由于我国股市价值蓝筹股、绩优股和高成长股资源稀缺，导致机构投资者庞大的资金只能扎堆进入有限的个股和行业板块，这也是导致中国股市板块轮动现象的重要原因。③投资者投资理念的变化。传统的股票投资理念，主要依据"空中楼阁理论"和"企业基础价值理论"。随着投资理念的变化，也为了产品的行销，各种投资风格的基金应运而生，如价值投资型、稳健成长型、积极成长型、增值型、收益型、成长型、平衡型，等等，这在一定程度上也助长了板块现象。

3. 风格偏好投资

"自上而下"和"自下而上"是不同的两种基本的资产配置程序，其差别在于投资者对行业因素和企业因素对股票收益率影响的重视程度不同。"自上而下"的配置认为宏观经济环境特别是行业因素对股价具有重要影响，因此构建投资组合应该是一个从行业到个股的过程。"自下而上"则更注重企业内在价值的判断，因此构建投资组合时主要选择内在价值被低估的股票而忽略行业因素的影响。"自上而下"的配置方式是目前投资者最常使用的配置程序，而"自下而上"的配置由于投资者通常选择价值被低估的股票，因此这种投资方式也被称为风格偏好投资。

投资风格是投资者在构建投资组合的过程中所表现出的理念、操作、风险意识等外部表现的总称，对投资者的组合配置和股票收益均具有重要影响。Barberis 和 Shleifer（2003）认为，投资者会按不同的风格进行投资，并依据风格的相对收益（而非绝对收益）来配置风险投资资金。[135]

国内对我国股市风格偏好投资研究的文献不多。熊胜君和杨朝军（2006）采用中国股市 1991 年 1 月至 2003 年 12 月的股票月收益率样本数据，对股票收益率的行业效应和投资风格效应进行分析，指出在中国证券市场上采取"自上而下"的资产配置方式是合理的。[136] 王敬和刘阳（2007）探讨了投资风格类型和业绩对投资风格持续性的影响。[137] 廖理和石美娟（2008）从安全性、谨慎性、流动性和交易成本、公司业绩、投资风格五个角度研究养老基金的投资偏好。[138] 结果表明，我国养老基金偏好流动性强、交易成本低、风险小、规模大的公司作为投资对象。刘立立和余军（2010）认为我国股票基金持股偏好的演进趋势符合基金投资的审慎原则，并对我国股市的平稳运行逐渐发挥出积极作用。[139]

二、羊群行为

行为金融学认为，机构投资者的市场行为有多种，如羊群行为、反馈交易行为、集中持股行为和短期投资行为等，但主流观点认为，羊群行为、反馈交易行为足以涵盖全部机构投资者的行为。

1. 羊群行为的概念及其理论模型

羊群行为也被称为从众行为，是金融市场的异象之一，指投资者受到其他人的影响而跟从大众的思想或行为，如同时买入或卖出同一有价证券或股票。羊群行为是一种特殊的有限理性行为，难以用标准的金融理论进行合理的解释。它是由于投资者不完全信息或非理性而容易受到其他投资者的影响，模仿他人的决策；或者过度依赖舆论，而忽略自己的信息的行为。

羊群行为的成因引起了学术界的广泛关注，不少学者纷纷提出自己的理论模型，成果非常丰富，主流模型有以下三种：第一种是基于信息串联的羊群行为。Bikhchandani 等（1992）构建了信息串联模仿的羊群行为理论模型，他们认为，先行者根据其私人信息发出投资信号，后继者就可能模仿其行动。[140] 这样，一些投资者可能会从先行者的行动推测信息，借以修正自己的先验信息，进行相同方向的操作，从而产生羊群行为。Froot 等（1992）发现机构投资者具有较高的同质性，它们通常关注同样的市场信息，对市场的研究方法也较为相似，容易对相同外部信息做出相似的反应，最终体现为相互模仿的羊群行为。[141] 第二种是基于声誉的羊群行为。Scharfstein 和 Stein（1990）提出了声誉羊群行为理论，指出基金经理出于对个人声誉的考虑，避免因为相关的错误预测而同样"遭受谴责"（Sharing-the-blame），经理的理性选择是在决策上相互模仿。[142] 第三种是基于委托—代理的羊群行为。Ernst 和 Naik（1996）提出委托—代理羊群行为理论，它假设基金经理的薪酬取决于他的业绩与其他投资代理人的相对水平。那么，这种扭曲的激励机制会造成基金经理的从众行为，从而产生羊群行为。[143]

2. 羊群行为的存在性实证研究

对股票市场羊群行为的实证分析主要存在两类方法：

第一类是被称为 LSV 的方法，即 Lakonishok-Shleifei-Vishy 方法（Lakonishok et al.，1992）。[144] 该方法以基金经理在给定季度净买入股票家数比例的平均倾向作为羊群行为的衡量指标，以共同基金、养老基金等特定类型的投资者为对象，以检测其是否存在羊群行为，Lakonishok 等（1992）检验结果并未发现美国 789 家养老基金存在明显的羊群行为。Wermers（1999）在 LSV 基础上，进一步提出了买方羊群行为指标和卖方羊群行为指标，结果表明共同基金的羊群行为很微弱。[145] 陈浩（2004）、祁斌等（2006）、张延良等（2013）应用 LSV 方法对中国股市进行检验，发现我国证券投资基金羊群行为显著。[146~148]

第二类是 CH 方法和 CCK 方法，前者即 Christie-Huang 方法，后者即 Chang-Cheng-Khorana 方法（Christie and Huang，1995；Chang et al.，2000）。[149, 16] 这类方法以不同计算方式的股票收益分散度为指标，用以判断整个市场是否存在羊群行为。其中，CH 方法以横截面收益标准偏离度（CSSD），CCK 方法以横截面收益绝对偏离度（CSAD）。CH、CCK 方法最大的优点是能够利用公开的股价数据，并且计算简单，成为检测市场是否存在羊群行为的主流方法。例如，Christie 和 Huang（1995）研究了美国股市日收益率情况，发现在股市大幅波动期间个股收益率有较高的分散度，因此，美国股市羊群行为的迹象不明显。[149] Demirer 和 Kutan（2006）应用 CH 方法检验了中国股票市场 1999~2002 年 375 只股票，没有证据显示存在羊群行为。[150]

Chang 等（2000）发现，CH 方法是一个很严格的测试，往往低估了羊群行为的程度。[16] 为了克服 CH 方法的缺陷，他们提出以 CSAD 衡量投资者决策的一致性，并以资本资产定价模型（CAPM）为理论支撑，实证检验的效果也更为灵敏，因此，CH 方法逐渐被 CCK 取代。Tan 等（2008）使用 CCK 方法对国内个人投资者为主体的中国上海和深圳的 A 股市场，以及国外机构投资者为主体的 B 股市场进行分析，发现均存在羊群行为，且上涨和下跌的市场环境下羊群行为都十分显著。[151] Chiang 和 Zheng（2010）应用 CCK，认为在成熟市场（美国除外）和亚洲市场存在羊群行为，但拉美市场并未发现羊群行为。[152] Chiang 等（2010）仍然使用 CCK，发现中国上海和深圳的 A 股市场均存在羊群行为，但 B 股市场并不存在羊群行为。[153] Lao 和 Singh（2011）也用 CCK 分析，检测到中国和印度股票市场羊群行为明显。[154] 在国内，CCK 方法的使用也由来已久。孙培源和施东辉（2002）使用 CCK 分析表明，在政策干预频繁和信息不对称严重的市场环境下，我国股市存在一定程度的羊群行为，并导致系统性风险在总风险中占较大比例。[17] 蒋学雷等（2003）用 CCK 方法检验了中国股市的交易情况，得出了羊群行为存在的明确结论。[155] 柯昇沛和黄静（2012）应用 CCK 对我国的房地产市场进行了分析，认为我国房地产市场也存在明显的羊群行为。[156]

由两类方法的分类可知，CCK 方法只能检测出整个市场是否存在羊群行为，不能用于检测机构投资者是否存在羊群行为，因为其衡量羊群行为的指标，即横截面收益绝对偏离度（CSAD），是以个股和市场收益率为基础构建的，而收益率信息中还包含了大量个人投资者的影响。

显然，CCK 方法具有明显的局限性。另外，尽管 Wermers（1999）在 LSV 基础上，进一步提出了买方羊群行为指标和卖方羊群行为指标，但 LSV 度量机构投资者的羊群行为时仍然存在许多缺陷。[145] 陈浩（2004）、祁斌等（2006）将 LSV 方法的缺陷归纳为四个主要方面：第一，如果在同一时期股票数目太少很可能会引起失真；第二，采用的数据只是买卖双方的机构数量，并未考虑到股票交易数额；第三，在选择时间间隔上也存在困难，当机构投资者交易时间间隔比一个季度短时，则用季度数据无法侦测到羊群行为；第四，由于缺乏关于机构投资者的微观信息，如投资策略、交易情况等，因此很难对其羊群行为进行准确检验。[146~147]

三、正反馈交易行为

1. 正反馈交易的概念与内涵

羊群行为与投资者的正反馈交易行为高度相关，或者说正反馈交易行为本身就是羊群行为的一种表现形式。如果交易者采取股价出现上涨后买入，或在股价下跌后抛出的交易策略，即"追涨杀跌"，这类交易者称为正反馈交易者，其交易策略被称为正反馈交易策略。正反馈交易使市场集体认知偏差呈现自我实现的特征，并加剧证券市场的波动性，即在牛市时致使市场指数出现泡沫，而在熊市时出现超跌（De Long et al.，1990b）。[157]

正反馈交易理论由来已久，早期的郁金香热和南海公司泡沫就是正反馈交易的生动体现。以正反馈交易策略为基础的交易行为在证券市场上非常普遍，并且受到很多投资方法的推动，包括技术分析和"图表主义"、"停止—损失"指令、证券组合保险和外推的价格预期等。

正反馈交易理论认为，发生正反馈一是由于历史价格的增长促使投资者产生了对未来价格进一步增长的预期。二是投资者信心增加理论，也就是说，发生正反馈是由于历史的价格增长使投资者的信心增强。三是习惯形成理论，该理论认为人们慢慢地习惯从证券市场价格高涨中期望得到更高层次的消费。

2. 正反馈交易与股票价格关系

价格到价格的反馈理论是金融市场最经典的理论之一。在正反馈交易模型中，De Long 等（1990a）提出了 DSSW 模型，指出正反馈交易者有可能会获得比理性套利者更高的预期收益。[56] De Long 等（1991）进一步证明了正反馈交易者可以在市场中长期生存。[158] De Long 等（1990b）论证了理性投资者发现并利用市场上存在的正反馈现象，导致股票价格与其基本价值的偏离可能会超过那些由于噪声交易者行为所引起的价值偏离。[157] Sentana 和 Wadhwani（1992）对美国股市的正反馈交易考察后发现，正反馈交易对股票价格的收益率和波动率都有显著的影响。[159] Koutmos（1997）对六个主要工业化国家的股票市场进行研究后发现，对于股票短期收益来说，正反馈交易始终是影响股票收益的一个重要因素。[160] Nofsinger 和 Sias（1999）的研究发现，机构投资者的羊群行为和正反馈交易行为对价格都有影响，且机构投资者比个人投资者采用了程度更大的正反馈交易策略。[161] Toshiaki（2002）对日本股票市场实证检验的结果也证明了正反馈行为是造成股价波动的重要因素。[162] Hirshleifer（2006）设计了一个巧妙的模型论证了先行一步的非理性交易者如何采用正反馈交易策略可能获得价格和价值偏离时产生的超额收益，而理性交易者无法获得超额收益的原理。[163]

国内学者主要集中在讨论正反馈交易机制的放大效应、杠杆效应和中国证券市场正反馈交易不对称性等，也有学者对正反馈存在的原因和机构投资者行为进行了探讨，几乎所有的文献都证明我国股票市场上存在着正反馈交易行为（李少平、顾广彩，2007；张恩众，2009；王灵芝、吴忠，2013；胡昌生、池阳春，2012；梅国平等，2013）。[164~168]

四、机构投资行为对股价同步性的影响

机构投资行为对股价同步性的影响，学者们主要从证券分析师对股价同步性的影响和机构持股与分类/偏好投资行为对股价同步性的影响两个方面进行研究。

1. 证券分析师对股价同步性的影响

证券分析师对股价同步性的影响争议较大，主要存在两种截然相反的观点。一种观点认为，证券分析师降低股价波动的同步性。朱红军等（2007）的研究表明，随着证券分析师跟进人数的增加，更多的公司特质信息被包含在股价中，从而降低股价波动的同步性。[169] Xu等（2013）也得出明星分析师降低股价同步性的结论。[170] 另一种观点则认为，证券分析师提高股价波动的同步性。Piotroski 和 Roulstone（2004）、Chan 和 Hameed（2006）、冯旭南和李心愉（2011）、李春涛和张璇（2011）都认为证券分析师较少反映公司特质信息，而更多反映来自市场层面的信息。[171~174]

2. 机构持股与分类/偏好投资行为对股价同步性的影响

近年来学者们对这方面的研究很活跃，逐渐成为研究的热点。

（1）机构投资者持股对股价同步性的影响。机构投资者持股比例既反映了公司噪声的相对大小，也反映了机构投资者对股票价格变动影响的大小。因此，很多学者研究机构投资者与股价同步性关系时，基本上都采用机构投资者持股比例变量进行研究。其研究方向主要分

为两类：一类是研究各类因素与机构投资者持股对股价同步性的影响。例如，王亚平等（2009）研究发现我国股市中上市公司信息透明度越低，股价同步性就越低，股价同步性与信息透明度的正向关系随着机构投资者持股比例的提高而减弱。[175] Gul 等（2010）分析了中国股市的股权集中度、外资持股和审计质量与股价同步性的关系，发现最大股东持股与股价同步性存在非线性关系。[176] 金鑫等（2011）研究了中国上市公司的国际化经营对股价同步性的影响，以及机构投资者在两者关系中所起的作用。[177] 另一类是专门研究机构投资者持股或以持股比例变量表征其交易行为对股价同步性的影响。Pirinsky 和 Wang（2004）发现股价同步性与机构投资者持股显著正相关。[22] He 等（2013）发现全球 40 个市场的大型外资持股与股价信息含量之间正相关。[178] An 和 Zhang（2013）分析了美国机构投资者持股对股价同步性和持股公司倒闭风险的影响，发现机构投资者长期价值投资降低了股价同步性，而短期持股则增加了股价波动的同步性。[179] 国内的研究大多都支持机构投资者持股提高了股价的信息含量，降低了股价波动的同步性程度（侯宇、叶冬艳，2008；尹雷，2010；杨竹清，2012；游家兴、汪立琴，2012）。[180~182, 14] 与上述一边倒的结论不同，饶育蕾等（2013）分析了 QFII 持股对股价同步性的影响，指出 QFII 的长期投资有利于提高股价信息含量，降低股价同步性；而短期投机行为会提高我国股价同涨同跌的程度。[183]

（2）机构投资者分类/偏好投资行为对股价同步性的影响。从分类/偏好的视角研究机构投资者与股价同步性之间的关系大多见于国外文献中。Sun（2008）应用聚类分析方法将美国机构投资者的持股进行分类，发现同一类中的股票在成交量、收益率和流动性方面存在过度联动现象。[184] Kumar 等（2010）从股价和公司所在地区的角度，对美国个人和机构投资者的交易与股价同步性关系进行研究，认为偏好相同的个人投资者的交易增加了股价同步性，而作为信息交易者的机构投资者起到了降低股价同步性的作用。[23] Cheng（2011）把机构投资者持股分为高、低两组进行分析，发现机构投资者持股高的个股与高分组的股价同步性更强；反之，机构投资者持股低的个股与低分组的同步性更强。[122]

第四节　文献评述

通过对国内外研究现状的分析和梳理，可以看出，现有文献对股价同步性的影响因素从"信息效率"和"非理性行为"两方面进行了深入的研究，对反映投资者情绪的测度指标进行了探索性的分析，得出了"基本面因素""非理性行为"或者两者协同是影响股价同步性的途径。

这些成果为笔者的研究奠定了坚实的基础。但已有的国内外的相关文献表现出以下特点：第一，对测度机构投资者情绪指标的研究不够深入，已有的研究也只是停留在寻找反映机构投资者情绪的单一代理指标上，对表征机构投资者情绪综合指标的研究鲜有涉及；第二，国内已有的机构投资者与股价同步性关系研究的文献侧重于从机构投资者持股对股价同步性影响的静态分析，忽略了从投资行为相互关联的、趋同的视角对股价同步性进行研究；第三，国内鲜有文献实证研究行为金融视角下的分类/偏好形成股价同步性假说；第四，对机构投资者羊群行为和正反馈交易行为检测方法的研究相对滞后，缺乏一种连续时间的、可以实时检测的有效方法，同时非独立策略与股价同步性之间的关系也有待进一步深入研究。

因此，本书拟以行为金融视角下的分类/偏好形成的股价同步性假说为依托，以机构投资者群体对股价同步性影响为聚焦中心，围绕机构投资者情绪和投资行为特别是相互关联的、趋同的投资行为对股价同步性的影响进行研究，本书重点从以下四个方面展开：第一，构建机构投资者情绪综合指数。选取适合于测度中国机构投资者情绪的初级指标，采用主成分分析法，构建能较好测量中国机构投资者情绪的综合指数。第二，参照中国证监会公布的行业分类标准，对我国机构投资者分类投资行为与股价同步性的关系进行研究。试图从机构投资者的层面，验证行为金融视角下的分类形成股价同步性假说。第三，利用市场公开信息，研究我国机构投资者的持股和博彩偏好及对股价同步性的影响作用。试图从机构投资者的层面，验证行为金融视角下的偏好形成股价同步性假说。第四，理论方法上，构建检测机构投资者羊群行为的CCK扩展模型和正反馈交易行为的组合模型，利用中国市场的数据，验证上述模型的应用，并分析非独立策略（羊群行为、正反馈交易）对股价同步性的影响作用。

本章小结

　　本章首先从股价同步性的概念出发，对股价同步性的内涵、度量以及两大理论学派的相关文献进行了综述；其次，从投资者情绪的内涵、度量方法和投资者情绪对股价同步性影响三个方面对投资者情绪与股价同步性关系进行了梳理；再次，从分类与风格偏好投资行为、羊群行为和正反馈交易行为及机构投资行为对股价同步性影响四个方面进行了综述；最后，对国内外研究现状进行了述评，分析说明已有研究存在的问题与不足，为本书的研究提供研究背景与切入点。

第三章

机构投资者与股价同步性
关系的理论基础

第一节 有效市场假说与行为金融理论

一、有效市场假说

有效市场假说（Effcient Markets Hypothesis，EMH）起源于 20 世纪初，是数量化资本市场理论的基石。有效市场假说的奠基人是法国的数学家路易斯·巴舍利耶，被称为现代数量金融之父，他把统计分析的方法应用于股票、债券、期货和期权。中心极限定理说明，大量相互独立的随机变量，其均值的分布是以正态分布为极限的。深谙此理的巴舍利耶巧妙地构造出一种增量独立的随机过程，即布朗运动（其布朗运动的工作早于爱因斯坦和维纳）。但是，他没有提供多少经验证据支持他关于收益率是独立、同分布的随机变量的论点。

1964 年奥斯本提出了"随机漫步理论"，认为股票价格的变化具有"随机漫步"的特点，类似于化学中的分子"布朗运动"，也就是说，它变动的路径是不可预期的。在前人的研究基础之上，Fama

（1970）最终完成了有效市场假设的理论框架，把有效市场定义为"价格总是完全反映了所有可得信息的市场"，同时给出了有效市场的三种形态，即强式有效市场、半强式有效市场和弱式有效市场。[5]

　　Shleifer（2000）指出有效市场的理论应建立在三个强度依次减弱的假定之上：①投资人是理性的，能获得完备的信息并理性地为证券精确定价；②尽管市场上存在非理性人，但是因为不同行为人的决策是独立的，他们会进行随机交易，大量交易者之间的套利行为会互相抵消，不会造成价格的大规模波动，市场依然有效；③即使市场上的大量非理性人所进行的交易具有一定的模式，但是市场中还存在另一部分理性的套利者，其运用完备信息和套利活动抵消非理性行为人的行为，最终令市场实现有效性。[6]

　　由上述三个假定可以看出，有效市场理论需要满足三个条件：①市场是完全竞争的，每种证券都存在替代品；②市场没有摩擦，不存在交易费用和税收，也不存在信息不对称和卖空限制；③理性的套利者会实施套利活动消除市场错误定价，使证券价格倾向于在基本价值附近波动。显然，这些假定都过于完美，过分夸大和神化市场调节的自发作用，片面追求逻辑体系和数学形式的完美而不惜牺牲经济理论的现实性，缺乏对市场运行及矛盾运动内在机理的深入研究。因此在说明现实问题的时候，诸如"黑色星期一"等市场异象时，往往显得力不从心。

二、行为金融学与噪声交易理论

　　行为金融学是和有效市场假说相对应的一种学说，是金融学、心理学、行为学、社会学等学科相交叉的边缘学科，力图揭示金融市场的非理性行为和决策规律。行为金融学的主要内容可分为心理学和套利限制（Limits of Arbitrage）两部分。

与传统金融学的理性人和完全信息假设相反，行为金融学认为：①投资者是有限理性的、是会犯错误的。在绝大多数时候，市场中理性和有限理性的投资者都是起作用的。②投资者不是同质的，投资者由于个性气质和禀赋的不同，导致行为方式也不同。非理性的投资者大量存在，套利的作用是有限的，并认为投资者的投资行为和情绪对股票的价格产生较大的影响。③投资者不是风险厌恶，而是损失厌恶型的。1979年，美国普林斯顿大学的心理学教授丹尼尔·卡内曼（2002年度诺贝尔经济学奖获得者）和特沃斯基（Tversky）提出的展望理论（Prospect Theory，也称作前景理论）认为：大多数人在面临获利的时候是风险规避的，而在面临损失的时候是风险喜好的，对得失的判断往往根据参考点决定。④投资者的风险态度是不一致的，保守和冒险并不是非此即彼的关系，而是可以同时具有保守和冒险两种心理特征。⑤市场并不是有效的。行为金融理论认为，证券的市场价格并不仅由证券资产的内在价值所决定，还在很大程度上受到投资者主体行为的影响，即投资者心理和行为对证券资产的价格及其变动具有重大影响。

行为金融学发展的特点决定了其两个主要的研究方向：一是研究投资者的行为与心理机制，即投资者情绪的研究；二是研究非理性行为对市场总体行为的影响，即噪声交易研究。

市场参与者的理性和追求效用最大化的行为是有效市场假说的假设前提。在有效市场假说中，证券价格与价值之间存在一个偏差，这个偏差只是一个均值为零的随机扰动项，随着时间的推移，价格会逐渐向内在价值趋近，噪声也会逐渐消失，由于"市场选择"的作用，非理性交易者会消失，最终导致由理性交易者主导市场。因此，噪声交易在有效市场理论中是不存在的。

20 世纪 80 年代以来，随着信息经济学的广泛应用和行为金融学的兴起，经济学家发现噪声和噪声交易不仅大量存在，而且对市场的影响很大，噪声交易开始受到广泛的关注和研究，由此对一直居于主流地位的有效市场假说形成了巨大的冲击。

Black（1986）认为噪声（Noise）是与信息（Information）相对应的概念，噪声是一种错误的信息，是我们观察不完全的事物，并首次将噪声交易者明确定义为无法获得内部信息（Inside Information），非理性地把噪声当作信息进行交易的投资者。[7] 信息是证券市场的生命线，理论上，除了必要的流动性交易需求外，投资者依靠信息对资产的价值做出判断，所有交易都应该基于信息。但在证券市场上，有时投资者交易的基础却是扭曲了的信息，甚至是虚假的信息，这就是噪声。噪声是指与资产价值无关或伪相关，但又能给资产价格造成影响，噪声交易理论是相对于有效市场理论而出现的。

噪声交易理论的假设主要有：①信息的获得是有成本的；②信息的传递存在时间上的差异，交易者并不能同时获得信息；③交易者的行为是存在差异的，并非都是理性的；④交易者所持有的信息是不对称的。正是这种非对称信息下非理性投资者的行为，导致了金融市场上噪声交易的产生。噪声交易理论将投资者分为理性投资者和噪声交易者两种类型。理性投资者依据信息进行交易，并期望从中获利。噪声交易者依据噪声进行交易，是导致资产被错误定价的一个重要原因。

第二节　噪声交易模型

一、基本的 DSSW 模型

De Long 等（1990a）提出的噪声交易模型（DSSW）是一个简化的迭代模型，主体仅生存两期。[56] 其假设条件有：

（1）投资者可以拥有两种资产的选择，它们具有相同的红利收益 r。一种是无风险资产 s，具有完全的供给弹性，价格恒为 1，用无风险短期债券表示。另一种是风险资产 u，用供给数量固定的股票表示，并且通过标准化使其价格等于 1。在第 t 期，风险资产 u 的价格用 p_t 表示。

（2）投资者分为理性投资者 i 和噪声交易者 n 两类，噪声交易者市场份额为 μ，理性投资者的市场份额则为 1-μ，同一类型的投资者没有差别。两类投资者都是基于自身对风险资产 u 的价格分布的信念来选择投资组合以实现预期收益的最大化。在第 t 期，理性投资者能够准确地预期收益的分布；而噪声交易者则错误地预期收益的分布，并且假定这种错误的估价 ρ_t 是一个独立同分布的正态随机变量：

$$\rho_t = N(\rho^*, \sigma_\rho^2) \qquad (3-1)$$

其中，ρ^* 表示噪声交易者错误估价的均值，σ_ρ^2 表示噪声交易者错误估价的方差。

（3）投资者都是风险厌恶的，风险的产生来源于噪声交易者，并且两类投资者的效用函数都是绝对财富风险规避函数：

$$U = -e^{-(2\gamma)w} \qquad (3-2)$$

其中，γ 表示绝对风险厌恶系数。在风险资产收益呈正态分布的条件下，对式（3-2）的期望值最大化等同于式（3-3）的最大化：

$$\overline{w} - \gamma \sigma_w^2 \tag{3-3}$$

其中，$\overline{w}$ 表示期末财富的期望值，σ_w^2 表示财富的方差。

对于理性投资者，通过选择风险资产 u 的 λ_t^i 数量以最大化其效用函数：

$$\begin{aligned} E(U) &= \overline{w} - \gamma \sigma_w^2 \\ &= c_0 + \lambda_t^i [r + {}_t p_{t+1} - p_t (1 + r)] - \gamma (\lambda_t^i)^2 ({}_t \sigma_{p_{t+1}}^2) \end{aligned} \tag{3-4}$$

其中，c_0 为第一期工资收入函数，${}_t p_{t+1}$ 为 u 在 t+1 期的理性预期价格（前下标表示求取期望值的时间），r 为风险资产收益，并约定：

$${}_t \sigma_{p_{t+1}}^2 = E\{[p_{t+1} - E_t(p_{t+1})]^2\} \tag{3-5}$$

对于噪声交易者，通过选择风险资产 u 的 λ_t^n 数量以最大化其效用函数：

$$\begin{aligned} E(U) &= \overline{w} - \gamma \sigma_w^2 \\ &= c_0 + \lambda_t^n [r + {}_t p_{t+1} - p_t (1 + r)] - \gamma (\lambda_t^n)^2 ({}_t \sigma_{p_{t+1}}^2) + \lambda_t^n (\rho_t) \end{aligned} \tag{3-6}$$

可以看出，式（3-4）与式（3-6）的区别在于式（3-6）的最后一项，它显示噪声交易者通过持有 λ_t^n 单位风险资产所带来的源于信息误差的预期收益。

分别求解式（3-4）和式（3-6），可获得两类交易者对风险资产 u 的需求函数：

$$\lambda_t^i = \frac{r + {}_t p_{t+1} - (1 + r) p_t}{2\gamma ({}_t \sigma_{p_{t+1}}^2)} \tag{3-7}$$

$$\lambda_t^n = \frac{r + {}_t p_{t+1} - (1 + r) p_t}{2\gamma ({}_t \sigma_{p_{t+1}}^2)} + \frac{\rho_t}{2\gamma ({}_t \sigma_{p_{t+1}}^2)} \tag{3-8}$$

从而，由式（3-7）和式（3-8）可获得均衡状态下第 t 期风险资产的价格：

$$p_t = \frac{1}{1+r}\left[r +_t p_{t+1} - 2\gamma(_t\sigma^2_{p_{t+1}}) + \mu\rho_t\right] \tag{3-9}$$

通过反复迭代，式（3-9）可以化简为：

$$p_t = 1 + \frac{\mu(\rho_t - \rho^*)}{1+r} + \frac{\mu\rho^*}{r} - \frac{2\gamma}{r}(_t\sigma^2_{p_{t+1}}) \tag{3-10}$$

把式（3-5）的结果代入式（3-10），可求得风险资产 u 的最终价格形式：

$$p_t = 1 + \frac{\mu(\rho_t - \rho^*)}{1+r} + \frac{\mu\rho^*}{r} - \frac{(2\gamma)\mu^2\sigma^2_\rho}{r(1+r)^2} \tag{3-11}$$

从式（3-11）可知，风险资产 u 的最终价格依赖于模型的外生变量（r 和 γ）以及作为公开信息的噪声交易者对证券资产现在和未来的错误估价。

最后的三项出现在式（3-10）和式（3-11）中，显示了噪声交易者对风险资产 u 的价格冲击。随着噪声交易者的错误估价 ρ_t 逐步向 0 收敛，式（3-11）的均衡价格 p_t 也将收敛于基本价值 1。

从式（3-11）的第二项可知，噪声交易者情绪的波动将引起风险资产 u 与其基本价值无关的价格波动。当 $\rho_t - \rho^* > 0$ 时，表明多头情绪更浓，风险资产的价格相应地也更高；当 $\rho_t - \rho^* < 0$ 时，表明空头情绪更浓，风险资产的价格也更低；当 $\rho_t - \rho^* = 0$ 时，表明多空均衡，则该项为零。

式（3-11）的第三项描述了噪声交易者平均看多、看空的情绪不为零而导致的资产价格与基本价值的偏离。当 $\rho^* > 0$ 时，即噪声交易者平均意义上是看多的，这种看多的"价格压力"促使资产价格高过应有的水平；反之，当 $\rho^* < 0$ 时，噪声交易者平均意义上看空的"价格压力"促使资产价格低于应有的水平。同时，式（3-11）的第二项和第三项也表明，噪声交易者的情绪随着噪声交易者的市场份额的提高，

风险资产价格的波动性也越强。

式（3-11）的最后一项是模型的核心。理性投资者需要对其承担的额外风险进行补偿，只有当噪声交易者变得更看空而导致价格下挫时才愿意持有该风险资产。理性交易者和噪声交易者都认为第 t 期风险资产的价格不合理，但第 t+1 期的价格又具有不确定性，因此双方对这种错误定价持谨慎的态度，直到增加这种风险资产而承担的额外风险被取得的相应收益弥补为止。当噪声交易者频繁地改变想法，价格风险也随之变大。理性交易者如果想利用噪声交易者的错误来谋取利润同样也必须承受更大的风险。因为理性交易者是风险规避者，所以随着风险的增加，他们从噪声交易者手中购买的风险资产就会减少，从而为噪声交易者"创造了自己的生存空间"。

二、噪声交易者的生存空间

DSSW 模型说明证券市场参与者的构成以及噪声交易者的情绪和相应的行为都将对与公司特质信息无关的股价波动产生显著的影响。人们在市场上也可以观察到大量的噪声交易现象，但长期以来，经济学家认为在理论上否定噪声交易者对资产价格的形成并没有什么不妥。Friedman（1953）指出，噪声交易者在市场上将遭遇到理性投资者，这些理性投资者将会针对噪声交易者的行为进行套利活动，从而使资产价格趋于基本面价值。同时通过这种套利活动，噪声交易者将会成为市场的必然输家，"市场选择"的作用必然会使噪声交易者从市场中消失。[185]

然而，DSSW 模型证明了噪声交易者可以获得正的预期收益，并且他们的收益可能比套利者更高，从而为自己赢得生存空间。

所有的投资者对于无风险资产 s 上获得相同的红利收益 r。假如初始财富相同，噪声交易者与理性投资者总收益的差别就在于他们持有的风险资产 u 的收益差别上，这部分差别在数值上等于他们持有的数量差别与一单位风险资产超额收益的乘积。把这两类投资者收益上的差别记为 ΔR_{n-i}，则有：

$$\Delta R_{n-i} = (\lambda_t^n - \lambda_t^i)[r + p_{t+1} - p_t(1 + r)] \tag{3-12}$$

式（3-12）中，噪声交易者与理性交易者对风险资产 u 的需求差额为：

$$\lambda_t^n - \lambda_t^i = \frac{\rho_t}{(2\gamma)_t\sigma_{p_{t+1}}^2} = \frac{(1 + r)^2\rho_t}{(2\gamma)\mu^2\sigma_\rho^2} \tag{3-13}$$

从式（3-13）可知，当 μ 变小时，式（3-13）会变大。因为当噪声交易者存在较小的风险时，两类投资者都认为自己接近于无风险套利的机会，于是在相反的方向上都持有较大的头寸。在 μ=0 的极限情形下，均衡不复存在（不存在基本的风险），两类投资者都试图持有无穷大的头寸。

式（3-12）中，第 t 期一单位风险资产 u 的超额收益的期望值为：

$$_t[r + p_{t+1} - p_t(1 + r)] = (2\gamma)_t\sigma_{p_{t+1}}^2 - \mu\rho_t = \frac{(2\gamma)\mu^2\sigma_\rho^2}{(1 + r)^2} - \mu\rho_t \tag{3-14}$$

于是有：

$$_t(\Delta R_{n-i}) = \rho_t - \frac{(1 + r)^2(\rho_t)^2}{(2\gamma)\mu\sigma_\rho^2} \tag{3-15}$$

可见噪声交易者超额收益率的期望值只有在以下两个条件下为正：①噪声交易者是乐观的 [ρ_t 为正，从而使得式（3-13）为正]；②风险资产 u 的价格低于基本价值 [从而使得式（3-14）为正]。

对式（3-15）求无条件期望值得：

$$E(\Delta R_{n-i}) = \rho^* - \frac{(1 + r)^2(\rho^*)^2 + (1 + r)^2\sigma_{p_t}^2}{(2\gamma)\mu\sigma_\rho^2} \tag{3-16}$$

从式（3-16）中，De Long 等（1990a）总结了影响噪声交易者预期收益的四种效应。[56]

1. 多多益善效应

当式（3-16）右边第一项的 ρ^* 必须为正，噪声交易者才能获得高于理性投资者的预期收益。当噪声交易者平均持有更多的风险资产时，意味着他们承担了较大的风险，自然所获得的风险回报也应越多，相对于套利者来说，噪声交易者预期收益也会增加。

2. 价格压力效应

式（3-16）分子中的第一项表示了价格压力效应，指当噪声交易者更加乐观时，他们对风险资产的平均需求也会增加，这必然会导致风险资产的价格上升，总体上噪声交易者就降低了风险回报以及与套利者之间的收益差别。

3. 买高卖低效应

式（3-16）分子中的第二项表示了买高卖低效应，也称为弗里德曼效应（Friedman Effect）。指由于噪声交易者的观察误差是随机的，致使他们容易选择错误的入市时间，往往在高价时买进，在低价时卖出，从而形成亏损。噪声交易者的投资信念越易变，他们择时能力弱的特征对他们收益的损害就越大。

4. 空间创造效应

式（3-16）分母是模型的核心，表示了空间创造效应。当噪声交易者频繁地改变想法，价格风险也随之变大。理性交易者如果想利用噪声交易者的错误来谋取利润同样也必须承受更大的风险。因为理性交易者是风险规避者，所以随着风险的增加，他们从噪声交易者手中购买的风险资产就会减少，从而噪声交易者"创造了自己的生存空间"。

以上四种效应中，多多益善效应和空间创造效应有助于提高噪声交易者的相对预期收益，而价格压力效应和买高卖低效应则将降低噪声交易者的预期收益。因此，噪声交易者的预期收益的高低，决定于一定条件下，上述两组效应中哪一组明显地占有优势。如果噪声交易者普遍看空后市，此时便不存在多多益善效应，平均来说他们也不会获得高的收益；当噪声交易者对后市热情高涨时，价格压力效应会增大并发挥主导作用，同时他们的平均收益也不会太高。只有噪声交易者对市场看多的程度处在中等水平时，多多益善效应和空间创造效应才能发挥主要作用，此时噪声交易者才能获得相对比较高的预期收益；且风险回避型的理性投资者越多，噪声交易者的平均收益也相对会越高。De Long 等（1990a）的这一发现表明，噪声交易者在市场中并不总是亏损的，当然也并不总是盈利的，在一定的条件下，他们的预期收益可以为正，甚至高于理性投资者。[56]

第三节　行为金融视角下的股价同步性理论

一、分类/偏好形成的股价同步性

国外相关研究表明，股价波动的同步性往往与基本面无关。于是，基于行为金融的视角，Barberis 等（2005）把造成股价同步性的原因归纳为三类，即分类形成的、偏好形成的和信息驱动的股价同步性。[18]

分类的观点认为投资者出于简化投资组合的过程，人为地把证券资产分类进行投资，当资金从一类股票转移到另一类股票，需求导致的价格压力影响了股价的时候，容易产生股价同步性现象。

Barberis 等（2005）构建了分类形成的股价同步性模型并实证检验

了股票加入 S&P 500 指数前后的价格变动，发现在被加入 S&P 500 后，成份股与指数间的同步性明显变大；反之，在被踢出 S&P 500 指数后，成份股与指数间的同步性明显变小。[18]

假设在金融市场中，存在 2n 种供应量相同的风险资产。第 i 种风险资产未来第 T 期的现金流 $D_{i, T}$ 满足：

$$D_{i, T} = D_{i, 0} + \varepsilon_{i, 1} + \varepsilon_{i, 2} + \cdots + \varepsilon_{i, T} \tag{3-17}$$

$$\varepsilon_t = (\varepsilon_{1, t}, \ \varepsilon_{2, t}, \ \cdots, \ \varepsilon_{2n, t})' \sim N(0, \ \sum\nolimits_D) \tag{3-18}$$

其中，$D_{i, 0}$ 是当前第 0 期的现金流，ε_t 是独立同分布的白噪声。

风险资产 i 在第 t 期的价格为 $P_{i, T}$，则风险资产 i 的收益回报为：

$$\Delta P_{i, t} = P_{i, t} - P_{i, t-1} \tag{3-19}$$

假设投资者为了简化投资组合的过程，把这 2n 个风险资产分成 X 和 Y 两类，并且基于这两类股票而不是个股进行投资。不失一般性，假设第 1 到第 n 个资产归入 X 类，第 n+1 到第 2n 个资产归入 Y 类。再假设这种分类被噪声交易者采用，他们根据自己的主观偏好在 X 和 Y 这两类资产之间配置资金，则资产的回报如下：

$$\Delta P_{i, t} = \varepsilon_{i, t} + \Delta u_{X, t} \quad i \in X \tag{3-20}$$

$$\Delta P_{j, t} = \varepsilon_{j, t} + \Delta u_{Y, t} \quad j \in Y \tag{3-21}$$

其中，$\begin{pmatrix} \Delta u_{X, t} \\ \Delta u_{Y, t} \end{pmatrix} \sim N\left[\begin{pmatrix} 0 \\ 0 \end{pmatrix}, \ \sigma_u^1 \begin{pmatrix} 1 & \rho_u \\ \rho_u & 1 \end{pmatrix} \right]$，随时间独立同分布。

式（3-20）中，$\Delta u_{X, t}$ 被认为是第 t 期噪声交易者对 X 类资产的情绪。由于噪声交易者是按类别交易的，因此同一类别的所有资产的情感都是相同的。由式（3-20）可知，在第 t 期 X 类资产的回报不仅受到现金流消息（$\varepsilon_{i, t}$）的影响，同时还受到投资者情绪（$\Delta u_{X, t}$）的影响。也就是说，当噪声交易者看多 X 类资产的时候，X 类资产的价格就会上涨，从而形成了 X 类资产的股价同步性现象。反之亦然。式（3-21）中，$\Delta u_{Y, t}$ 是第 t 期噪声交易者对 Y 类资产的情绪，其对 Y 类资产价格

的影响与 $\Delta u_{X,t}$ 对 X 类的影响类似。

偏好的观点认为投资者会根据自己特定的偏好或习惯选择少量的几种股票投资，如果某些投资群体的偏好或习惯发生变化而改变持有的股票种类时，也容易产生股价同涨同跌现象。

应当指出，分类形成股价同步性的资产往往存在一个可以把资产归于同一类的共同因素。比如，小盘股、价值股、同一行业板块等。偏好形成的股价同步性的资产是根据投资者的偏好聚集而成的，如低价、高波动率、高换手率等。

在现实中，人们很难把分类形成的股价同步性与偏好形成的股价同步性严格区分开来。事实上，如果把 X 和 Y 看成是两种不同的投资风格，则式（3-20）与式（3-21）也可以看成是由偏好形成的股价同步性的简单模型。因此，对分类形成的股价同步性的数学描述与模型同时也可以用于偏好形成股价同步性假设的。

二、信息驱动的股价同步性

如前文所述，市场有效性假设是以一个完美的市场（Perfect Market）为前提的：①整个市场没有摩擦，即不存在交易成本和税收；所有资产完全可分割、可交易；没有限制性规定。②整个市场充分竞争，所有市场参与者都是价格的接受者。③没有信息成本。④所有市场参与者同时接收信息，所有市场参与者都是理性的，并且追求效用最大化。

因此，所有市场参与者同时以光速接收信息，新的信息能够瞬时而充分地反映在资产价格之中。实际上，现实世界中的信息传播和吸收并非如此完美。

第一，市场是存在摩擦的，新的信息会以不同的速度对不同类别的证券资产产生影响。也就是说，不同的股票对同一信息的反应时间是存在差别的。一个利好消息的公布，有的股票价格立即会上涨，有的股票则滞后一段时间才会上涨。比如，Scholes 和 Williams（1977）认为那些流动性强的股票能够更快地反映基本面信息。[186]

第二，市场交易者的信息分析能力是存在差异和意见分歧的。投资者的注意力是有限的，在给定的时间内只能处理一定量的信息（Lin and Wei，2006）。[127] 意见分歧指的是不同投资者对于股票收益分布具有不同的判断，同时它考虑了资本市场中信息流动的渐进性、投资者的有限注意力和先验信念异质性差异的影响（Hong and Stein，2007）。[187] Barber 和 Odean（2008）发现新闻覆盖率高、交易活跃及涨幅高的股票更能吸引散户的买入。[188]

第三，信息不是免费的，是需要成本的。投资者通常购买的只是关于部分资产的信息，而不是全部的信息。高需求信息的价格优势往往使得投资者愿意购买大多数人都购买的信息。如果投资者按这些相同的信息交易，信息驱动的股价同步性就产生了（Veldkamp，2005）。[189]

假设存在分享同类信息的两类股票集合 X 和 Y。X 集合中的股票对第 t 期的信息能够立即做出反应；而 Y 集合中的股票对第 t 期的信息只能做出部分反应（假设为 μ），另外的 $1-\mu$ 部分的信息只能反应于下一时期，则有：

$$\Delta P_{i, t} = \varepsilon_{i, t}, \ i \in X \tag{3-22}$$

$$\Delta P_{j, t} = \mu \varepsilon_{j, t} + (1 - \mu) \varepsilon_{j, t+1}, \ j \in Y \tag{3-23}$$

与分类/偏好形成的股价同步性类似，市场中公布了某一利好消息，使得噪声交易者在利好消息的驱动下立即看多 X 类资产的时候，X 类资产的价格就会上涨，从而形成了 X 类资产的股价同步性现象，反之亦然。随后，反应滞后的 Y 类资产也发生类似的股价同步性现象。

本章小结

    本章首先从理论发展的角度阐述了有效市场假说和行为金融学理论；其次，从基本的 DSSW 模型和噪声交易者的生存空间两方面详细地分析了噪声交易模型；最后，从分类/偏好形成的股价同步性和信息驱动的股价同步性两方面阐述了行为金融视角下的股价同步性理论假说，对造成股价同步性原因的三类理论模型，即分类形成的、偏好形成的和信息驱动的股价同步性模型进行了详细的分析，以期为进一步的研究和实证分析做理论铺垫。

第四章
机构投资者的情绪与股价同步性

第一节　理论分析与研究假设

机构投资者情绪研究的关键在于情绪的度量。本章拟选取多个反映机构投资者情绪的初级指标，采用主成分分析方法，构建机构投资者情绪综合指标（CIISI），并实证考察机构投资者情绪对股价同步性是否存在显著的影响作用。

由第三章可知，DSSW 模型求得风险资产 u 的最终价格形式为：

$$p_t = 1 + \frac{\mu(\rho_t - \rho^*)}{1 + r} + \frac{\mu\rho^*}{r} - \frac{(2\gamma)\mu^2\sigma_\rho^2}{r(1 + r)^2} \tag{4-1}$$

其中：p_t 表示第 t 期风险资产 u 的价格，ρ_t、ρ^* 和 σ_ρ^2 分别表示噪声交易者错误估价、均值和方差，μ 表示噪声交易者市场份额，γ 表示绝对风险厌恶系数，r 表示资产的红利收益。

事实上，式（4-1）可简单表示为：

$$p_t = f_t + \mu \cdot sent_t \tag{4-2}$$

其中，p_t 和 μ 的含义同上，f_t 表示第 t 期风险资产 u 的基本价格，$sent_t$ 表示第 t 期的噪声交易者情绪。因此，DSSW 理论模型强调了噪声交易者出现的比例及其情绪的波动将引起风险资产 u 与其公司特质信息无关的股价波动。

Barberis 等（2005）、Greenwood 和 Sosner（2007）发现投资者情绪和市场摩擦会影响股价同步性。[18, 120] Frijns 等（2012）、Chandra 和 Thenmozhi（2013）认为非理性的投资者情绪显著影响股价波动的同步性。[123~124] Cheng（2011）进一步研究表明，以机构投资者持股为基础的股价同步性在较高市场情绪、市场下跌和较高市场波动的情况下被放大。[122] 综上，本书认为，股价同步性应该正向地反映机构投资者的情绪。

机构投资者是证券市场上的投资主体。相比个人投资者而言，由于其拥有人才优势、专业优势以及资金优势，机构投资者具有更强的信息解读能力，投资也更为理性（Brennan，1995；Bartov et al.，2000）。[190~191] 虽然中国机构投资者起步较晚，但发展速度出现了爆炸式增长。基金资产净值由 2001 年底的 118 亿元发展到 2007 年底的 30423 亿元的峰值。开放式基金资产净值占同期 A 股总流通市值的比重也由 2001 年底的不到 1% 最高飙升至 2008 年底的 42% 左右。美国共同基金占同期股票市场流通市值的比例由 1950 年的 2% 上升到 2000 年的 19%，经历了整整半个世纪的时间（蔡庆丰、宋友勇，2010）。[4] 国内的研究大多都支持机构投资者持股提高了股价的信息含量，降低了股价波动的同步性（王亚平等，2009；金鑫等，2011；游家兴、汪立琴，2012）。[175, 177, 14] 可见，在中国股票市场上，机构投资者持股比例较高的股票，其股价受情绪影响的程度较小，股价同步性与机构投资者情绪之间的正相关关系相对会较低。据此，本书提出了下列有待验证的研究假设：

H1：股价同步性与机构投资者情绪正相关。

H2：股价同步性与机构投资者情绪的正相关关系随着机构投资者持股比例的增加而减弱。

H3：若股价同步性与机构投资者情绪存在非线性关系，则在模型中引入机构投资者情绪的平方项，该平方项应该显著不等于 0。

第二节　CIISI 综合情绪指数的构建

一、CIISI 源指标的选取

1. 股指期货净头寸（NP）

Wang（2003）把期货市场的投资者分为大投资者和小投资者，采用股指期货净头寸（Net Position）的周数据构造投资者情绪指标。[97] 计算公式为：

$$SI_{it} = \frac{NP_{it} - Min(NP_{it})}{Max(NP_{it}) - Min(NP_{it})} \times 100 \tag{4-3}$$

其中，NP_{it} 表示第 i 类投资者在第 t 周的净头寸。

2010 年 1 月 15 日，中国证监会召开新闻通气会，并发布了《关于建立股指期货投资者适当性制度的规定（试行）（征求意见稿）》。同时，中国金融期货交易所也发布了《股指期货投资者适当性制度实施办法（试行）（征求意见稿）》和《股指期货投资者适当性制度操作指引（试行）（征求意见稿）》，中国期货业协会则发布了《股指期货交易特别风险揭示》。规定要求，投资者申请开户时保证金账户可用资金余额不得低于 50 万元，法人投资者同时需要拥有 100 万元以上的净资产。

在中国，因为 50 万元门槛的规定，使 90% 的散户无缘参与股指期货。[①] 因此，股指期货净头寸数据恰恰是机构投资者博弈的结果，这个源指标能较好地反映我国机构投资者的情绪。中国金融期货交易所只公布每日结算会员成交持仓排名前 20 位持买单量和持卖单量数据，故本书取当月连续合约的前 20 位数据作为代理变量。

2. 资金流入流出净家数（NN）

Frazzini 和 Lamout（2008）基于资金流量构建情绪指标，通过基金的资金流量对单个股票计算情绪值以检验"愚钱效应"的存在，认为资金流入的多少正好是投资者情绪的体现。[114] 投资者对某只股票的情绪越高，相应地就会把更多的资金配置于该股票。

本书借鉴其思想，采用沪、深股市机构投资者资金净流入股票家数与资金净流出股票家数的差值（Net Number）反映整体机构投资者情绪源指标，差值的正负代表方向，差值的多少反映了机构投资者情绪的大小。[②]

3. 沪深 300 指数交易量（TV）

Malcolm 和 Jeremy（2004）认为成交量（Trading Volume）不仅在一定程度上反映了市场的流动性，而且它还能反映投资者的参与程度。[192] 当投资者情绪高涨时，其股票投资的积极性也会很高，相应地交易量也会放大，因此可以认为成交量能间接地代表投资者情绪。

沪深 300 指数是由上海和深圳证券市场中选取 300 只 A 股作为样本编制而成的成份股指数。沪深 300 指数样本覆盖了沪深市场六成左

---

① 股指期货开户须 50 万，九成股民无缘参与 ［EB/OL］. http://stock.hexun.com/2010-01-16/122381937.html.

② 据中国证券登记结算公司统计数据显示，截至 2012 年 4 月，A 股自然人持仓账户数约为 5600 万，其中流通市值 10 万元以下的账户占比 84.83%，市值 10 万~50 万元的账户占 12.67%，市值 50 万元以上的账户占比 2.5%。据 Wind 资讯资金流向测算模型，其资金净流入额=超大单买入+大单买入−超大单卖出−大单卖出。其中，大单是指所在委托单金额介于 20 万~100 万元的成交单，超大单是指所在委托单金额大于 100 万元的成交单。因此，根据中国投资者的构成，Wind 资讯提供的资金净流入额绝大部分反映的是机构投资者的交易。Wind 资讯数据库每日提供沪、深股市资金净流入家数、资金净流出家数及个股的资金流数据。

右的市值，具有良好的市场代表性，已经成为中国股指期货的标的物。其成份股业绩优良，大多为基金重仓股，故选沪深 300 指数成交量作为源指标。

主成分分析法源于 Pearson（1901）和 Hotelling（1933）的工作，[193~194] 其可以"滤出特质噪声并捕捉到变量中的共同成分"（Stambaugh et al.，2012）。[111] 自从 Baker 和 Wurgler（2006）将主成分分析方法应用到综合投资者情绪指标的构建上之后，该方法成为此类研究的主流方法，因此笔者也采用主成分方法。[61]①

式（4-3）实质上是对 NP 进行 0~1 标准化，同样地，为了消除 NN 和 TV 源指标单位差异的影响，在主成分分析之前也要做 0~1 标准化处理。本书的 NP 数据来自中国金融期货交易所，NN 和 TV 均来自 Wind 资讯数据库。样本期为 2010 年 4 月 16 日至 2012 年 12 月 31 日，取样频率为周期。表 4-1 列示了股指期货净头寸、资金流入流出净家数和沪深 300 指数交易量的相关性。从实证结果来看，股指期货净头寸和沪深 300 指数交易量之间存在较强的相关性，而资金流入流出净家数与其余两个变量之间相关性不显著。

表 4-1　源指标间的相关性

变量	NP	NN	TV
股指期货净头寸（NP）	1	—	—
资金流入流出净家数（NN）	0.110	1	—
沪深 300 指数交易量（TV）	0.244 **	-0.094	1

注：** 表示 5% 水平下显著。

---

① 事实上，在 Baker 和 Wurgler（2006）之前，Brown 和 Cliff（2004）已将这种方法运用到情绪指数构建中了，而 Baker 和 Wurgler（2006）对这种方法进行了更为全面的讨论和检验。

二、情绪指数的构造

Baker 和 Wurgler（2006）认为 IPO 首日收益率的高低会引发 IPO 数量的增减，IPO 首日收益率要先于 IPO 数量反映投资者的情绪。[61] 这也许主要是因为高的 IPO 首日收益率会导致投资者投资热情高涨，从而引发更多的 IPO 数量。因此，必须考虑各源指标在时间上的"提前"与"滞后"关系。

考虑所有情绪代理变量的即期和滞后一期（共六项）的所有指标：NN_t、NN_{t-1}、NP_t、NP_{t-1}、TV_t、TV_{t-1}，首先进行第一次主成分分析，采用第一、第二、第三主成分按贡献率加权平均（按特征值加权计算，前三个成分累计贡献率达到 78.956%），从而构造一个包含六个变量的机构投资者情绪指数（CIISI），结果如式（4-4）所示。

$$CIISI = 0.144NN_t + 0.379NP_t + 0.243TV_t + 0.244NN_{t-1} +$$
$$0.392NP_{t-1} + 0.146TV_{t-1} \tag{4-4}$$

然后将得到的 CIISI 与六个代理变量做相关性分析，从表 4-2 中得到相关系数较高的有：TV_t、NN_{t-1} 和 NP_{t-1}，于是选取这三个变量作为构建精简的机构投资者情绪的源指标（CIISI1）。

表 4-2　主成分 CIISI 与六个代理变量的相关性

变量	NN_t	NP_t	TV_t	NN_{t-1}	NP_{t-1}	TV_{t-1}
CIISI	0.160	0.864***	0.518***	0.316***	0.913***	0.390***
样本量	140	140	140	140	140	140

注：*** 表示 1%水平下显著。

CIISI1 计算方式与 CIISI 相同，采用两个主成分加权平均计算各变量系数（第一至第二主成分累计贡献率达到 78.827%），最后得到的

CIISI1 方程式以及 CIISI1 与各变量的相关系数分别如式（4-5）和表 4-3 所示。

$$CIISI1 = 0.481NN_{t-1} + 0.293NP_{t-1} + 0.309TV_t \qquad (4-5)$$

表 4-3 CIISI1 实证结果

	统计描述				因子负载	相关系数			
	Mean	SD	Min	Max		CIISI1	NN_{t-1}	NP_{t-1}	TV_t
NN_{t-1}	-0.2321	0.137	-0.52	0.09	0.481	0.765***	1	—	—
NP_{t-1}	-2.766	1.915	-7.52	0.37	0.293	0.644***	0.102	1	—
TV_t	26.431	12.008	7.44	80.37	0.309	0.550***	0.115	0.365**	1

注：NN、NP 以万为单位，TV 以亿为单位；***、** 分别表示 1%、5% 水平下显著。

经相关性检验发现，由六个变量构成的 CIISI 与由三个变量构成的 CIISI1 之间的相关性为 80.10%（双尾，1% 水平下显著），说明删去三个变量对 CIISI 的影响较大，为了确定最终的情绪指标，下文进一步与大盘指数做 Pearson 相关检验。

表 4-4 情绪指标与大盘指数的相关性比较

情绪指数	上证综指	深证综指	沪深 300
CIISI	0.664***	0.598***	0.646***
CIISI1	0.380***	0.327***	0.381***
易志高和茅宁（2009）[105]	0.80***	0.82***	—
宋泽芳和李元（2012）[106]	—	—	0.893

注：*** 表示 1% 水平下显著。

从表 4-4 可知，CIISI 与上证综指、深证综指和沪深 300 指数的相关性比 CIISI1 都要高不少，说明删去三个变量使 CIISI 丢失不少信息。从表 4-4 还可知，易志高和茅宁（2009）用封闭式基金折价、IPO 数量及上市首日收益、交易量、新增投资者开户数和消费者信心指数六个指标构建整个市场的投资者情绪指标（CICSI）与上证综指及深证综指的相关系数分别为 0.80 和 0.82，而宋泽芳和李元（2012）用封闭式基金折价、月度 IPO 数量及上市首日收益、月新增开户数和交易量五个指标构建整个市场的投资者情绪指标与沪深 300 指数的相关系数为 0.893。[105~106] 机构投资者一般是职业的、大型的专业投资机构，相对个人投资者而言，投资机构拥有的资金量大，实力雄厚，在证券市场上的影响也很大。因此，正常情况下，新构建的机构投资者情绪指标与大盘指数的相关性应该比整个市场情绪指标与大盘指数的相关性要小（还存在大量的个人投资者），同时又要对大盘指数有足够大的影响力，综合考虑，本书确定 CIISI 为机构投资者的最终情绪指标，并保留 CIISI1 指标作稳健性检验用。图 4-1 为 CIISI 与上证综指的关系图。①

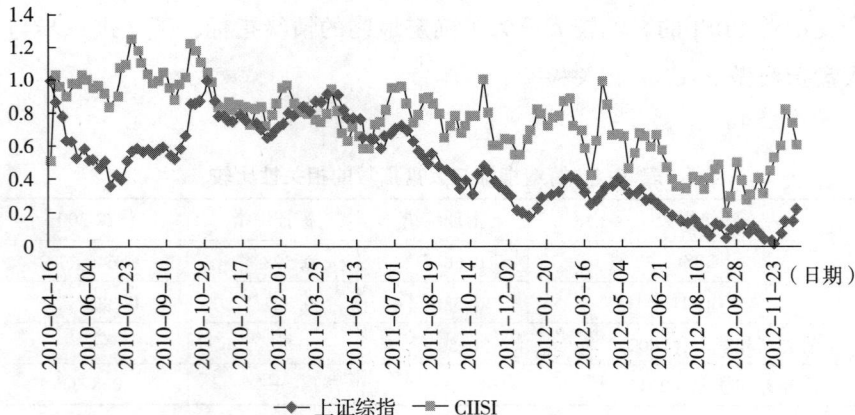

图 4-1　CIISI 与上证综指的关系

---

①　CIISI 也包含着宏观经济因素的成分或者说理性预期成分，一般的做法是要剔除这部分的影响。但本书选取的是更高频率的数据，下文中的股价同步性是以季度为时间窗口计量的，同时找不到合适的以周为时间频率的宏观经济变量，因此本书假定宏观经济因素的影响在当季内是恒定不变的。

从表 4-4 的 Pearson 相关检验结果发现，CIISI 与上证综指、深证综指和沪深 300 指数的相关系数分别为 0.664、0.598 和 0.646（双尾，1%水平下显著），机构投资者情绪对大盘指数存在着不可忽视的影响，且与大盘走势基本上保持一致的变动趋势（见图 4-1）。另外，从图 4-1 可以看出，从 2010 年 4 月 16 日股指期货上市至 2012 年 12 月 31 日，上证综指一路震荡下行，与此同时，机构投资者情绪也是一路震荡下行，极度低迷，这一趋势正好与中国股市的实际状况完全吻合。

第三节　机构投资者情绪对股价同步性影响的实证分析

一、模型设定与变量选取

1. 模型设定

本章采用的研究样本为沪深两市 804 只个股跨年度的时间序列数据，即面板数据（Panel Data）。面板数据回归分析通常具有时间序列数据或者横截面分析所不具有的优点，比如可以控制时间上和空间上的异质效应，可以在一定程度上避免多重共线性的问题。面板数据可以将个体在某个时点的经历和行为与另一个时点的其他经历和行为联系起来，因此，面板数据在估计短期关系、生命周期模型和代际模型时也是必需的，因而面板数据更适合于研究动态调整过程。与时间序列分析中进行单位根检验遇到的非标准分布问题不同，面板单位根检验通常具有标准的渐近分布。面板数据的计量分析的优点还有很多，可以说是过去 30 年社会应用研究领域所取得的最重要的进展。

面板数据回归模型有混合回归模型、变截距模型和变系数模型三大类，实际使用过程中需要做 F 检验来判定到底使用哪类模型。混合回归模型是指对于模型中每个变量的面板数据，从时间上看，不同个体的时间序列之间不存在显著性差异；从截面上看，不同时期的截面数据之间也不存在显著性差异，那么就可以直接把面板数据混合在一起，用普通最小二乘法（OLS）估计参数。为了考察机构投资者情绪对股价同步性的影响，本书建立下述混合回归模型：

$$
\begin{aligned}
\text{Syn}_{i, t} = {} & \gamma_0 + \gamma_1 \text{CIISI}_t + \gamma_2 \text{CIISI} \times \text{CIISI}_t + \gamma_3 \text{Ihold}_{i, t} + \\
& \gamma_4 \text{Ihold} \times \text{CIISI}_{i, t} + \gamma_5 \log(\text{Age}_{i, t}) + \gamma_6 \text{BM}_{i, t} + \\
& \gamma_7 \text{Nature}_{i, t} + \gamma_8 \text{Size}_{i, t} + \gamma_9 \text{Tvr}_{i, t} + \gamma_{10} \text{Skew}_{i, t} + \\
& \gamma_{11} \text{Stdev}_{i, t} + \gamma_{12} \text{Orr}_{i, t} + \gamma_{13} \text{First}_{i, t} + \gamma_{14} \text{Other}_{i, t} + \\
& \sum \gamma_{14+i} \text{Year}_i + \sum \gamma_{16+j} \text{Industry}_j + \varepsilon_{i, t}
\end{aligned}
\tag{4-6}
$$

其中，各变量含义见下文，$\varepsilon_{i, t}$ 表示随机扰动项。

2. 变量选取

股价同步性（Syn），指个股价格的变动与市场平均变动之间的关联性。借鉴 Durnev 等（2003）[21]，本书建立如下回归模型来估计个股的 R^2，以此度量股价同步性。

$$
r_{i, t} = \alpha_i + \beta_{i, 1} r_{m, t} + \beta_{i, 2} r_{I, t} + \varepsilon_{i, t}
\tag{4-7}
$$

其中，$r_{i, t}$ 为个股 i 第 t 日的收益率；$r_{m, t}$ 为市场指数第 t 日的收益率（沪市的个股用上证综指，深市的个股用深证综指）；$r_{I, t}$ 为行业 I 第 t 日的加权平均收益率，行业分类参照中国证监会公布的分类标准，其度量方法为：

$$
r_{I, t} = \frac{\sum_{j \in I} w_{j, t} r_{j, t}}{\sum_{j \in I} w_{j, t}}
\tag{4-8}
$$

其中，$w_{j, t}$ 为用 A 股流通市值度量的股票 j 在行业 I 中的权重。

通过模型（4-7）估计得到的 R^2 的合理区间为 [0，1]，不符合最小二乘回归的要求。因此，本书通过公式（4-9）对 R^2 进行对数变化使之呈正态分布，最后得到的指标 Syn，其取值区间为（$-\infty$，$+\infty$），即为股价同步性的度量指标。

$$\text{Syn}_{i,\,t} = \ln\left(\frac{R_{i,\,t}^2}{1 - R_{i,\,t}^2}\right) \tag{4-9}$$

其中，$R_{i,\,t}^2$ 为模型（4-7）股票 i 的第 t 期拟合优度，以季度作为回归时间窗口。

机构投资者情绪（CIISI），其构建见本章的第二节。机构投资者情绪越高，股价波动的同步性程度也可能越高，因此预期该变量的回归符号为正。

为了控制其他变量对股价同步性的影响，本书在模型中还引入下列 15 个控制变量：

公司上市年龄（Age），取公司首次公开发行距离研究窗口的间隔年份，模型中加入了 Age 的自然对数。公司上市年龄越长，披露的信息相对更多，投资者对公司也越了解，因而股价的信息含量也会越高。本书预期该变量的回归符号为负。

账面市值比（BM），取公司当季末净资产与总市值的比值。账面市值比反映了公司的财务困境成本，数值越大的公司对宏观经济因素的反应越敏感（Fama and Fench，1992，1993，1996），可能导致较高的股价波动的同步性。[195~197] 本书预期该变量的回归符号为正。

第一大股东持股比例（First），来源于 Wind 资讯数据库。股权结构是公司治理的基础，因而会影响投资者的投资行为，进而影响股价波动的同步性。李增泉（2005）指出股价同步性随着第一大股东持股比例的增加呈现先上升后下降的趋势，存在显著的非线性关系。[198] 据此，本书不对其回归符号进行预期。

机构投资者持股比例（Ihold），即机构持股比例合计，来源于 Wind

资讯数据库。许多关于机构投资者交易行为的研究认为机构投资者能够利用公司的财务信息和其他信息做出理性的投资决策，机构投资者的持股增加了股价中的公司特有信息含量并降低了股价波动的同步性（侯宇、叶冬艳，2008；尹雷，2010；游家兴、汪立琴，2012）。[180~181, 14] 本书预期该变量的回归符号为负。

交叉项 1（CIISI×CIISI），即机构投资者情绪的平方项。在模型中加入该变量主要是为了考察机构投资者情绪与股价同步性之间是否具有非线性关系，若存在显著的非线性关系，则该平方项的回归系数应该显著不等于 0，但符号无法提前预期。

交叉项 2（Ihold×CIISI），即机构投资者持股比例与机构投资者情绪的乘积项，表示机构投资者持股比例对股价同步性与机构投资者情绪之间关系的额外作用。若模型（4-6）中 γ_1 显著为正时，γ_4 显著为正，则表明机构投资者情绪提高，随着机构投资者持股比例的增加，股价同步性会提高，即不支持 H2；若 γ_1 显著为正时，γ_4 显著为负，则表明机构投资者情绪提高，随着机构投资者持股比例的增加，股价同步性会降低，H2 成立。

最终控制人性质（Nature），为虚拟变量。如果公司最终控制人为国有时，Nature=0；否则，Nature=1。由于我国的上市公司大部分是由国有企业改制而来的，并且数量也更多。例如，本章 804 只样本股票中国有控股企业 498 家，占比 62%。因而，国有控股企业的股价走势与市场整体走势存在更多的相似性。李增泉（2005）也发现，我国国有控股企业的股价同步性较高。[198] 据此，预期该变量的回归符号为负。

营业收入同比增长（Orr），来源于 Wind 资讯数据库。营业收入同比增长反映了公司的业绩扩展能力和成长性，出于融资或其他需求，公司会自愿披露更多的信息，股价的信息含量会更高。因此，本书预期该变量的回归符号为负。

其他九大股东持股比例（Other），是第二至第十大股东持股比例之和，取前十大股东持股比例减去第一大股东持股比例（First）。根据李增泉（2005）的研究，本书预期其回归符号为负。[198]

公司规模（Size），取个股的周末流通总市值的自然对数。一方面，公司规模越大，其股票份额占市场的权重会越高，对股票市场的影响力也会越大，因而公司股价与市场整体走势的相似性可能就越高。另一方面，公司规模越大，受媒体和投资者的关注度也越高，股价波动反映的公司特质信息含量也越多，相应地，公司股价与市场整体走势的相似性可能就越低。因此，本书不对其回归符号进行预期。

偏度（Skew），当季收益率的偏度，用日收益率计算，用于控制 Syn 中可能存在的噪声影响。

标准差（Stdev），当季收益率的标准差，用日收益率计算，用于控制 Syn 中可能存在的噪声影响。

换手率（Tvr），取个股的周换手率，其值等于成交股数与流通股本的比值。换手率越高，股票的流动性就越高，公司受关注的程度相对也越高，因而股价反映的公司特征信息量也越多。因此，预期该变量的回归符号为负。

行业变量（Industry），为虚拟变量。按照证监会对行业的分类，剔除了金融、社会服务和综合类的其他十类行业。为避免多重共线性问题，实际操作时，模型中只设定九个行业虚拟变量。

年度变量（Year），为虚拟变量。为避免多重共线性问题，实际操作时，模型中只设定两个年度虚拟变量。

控制变量中，原本还选择了财务杠杆（Lev）和净资产收益率（ROE）等变量，由于不能通过平稳性检验，同时差分后都变为常数，在回归模型中失去意义，因此本书将其剔除。

二、数据来源与描述性统计

1. 数据来源

本章选取中国股指期货上市以后，2010 年 4 月 16 日至 2012 年 3 月 30 日的沪深股市数据，为了保持数据的连续性，剔除了 2010 年 1 月 1 日之后上市以及数据缺失的个股（也不包括金融行业、创业板和 ST 股票），共涉及股票 804 只。采样数据的时间频率为日，数据处理后所有变量都以周为时间周期，因此最终每个变量取得 804×140＝112560 个样本数据。数据均来源于 Wind 资讯数据库，采用 Excel 和 Eviews 6.0 统计软件。

2. 描述性统计

表 4-5 提供了有关变量的描述性统计。

表 4-5 变量的描述性统计

变量	样本数	均值	中位数	最小值	最大值	标准差
R^2	112560	0.461	0.461	0.003	0.936	0.177
Syn	112560	−0.190	−0.156	−5.806	2.683	0.834
CIISI	112560	0.745	0.774	0.193	1.248	0.220
CIISI×CIISI	112560	0.603	0.599	0.037	1.557	0.320
Log（Age）	112560	2.450	3.135	1.386	3.135	0.458
BM	112560	0.433	0.373	0.004	2.861	0.269
First	112560	37.236	35.535	0.810	86.350	15.472
Ihold	112560	44.387	45.066	0.199	95.911	21.373
Ihold×CIISI	112560	24.636	23.280	0.035	98.479	14.147
Orr	112560	26.514	15.231	−99.834	6970.685	126.223
Other	112560	17.855	15.530	0.021	65.680	12.587
Size	112560	22.163	21.992	19.600	28.337	0.989

续表

变量	样本数	均值	中位数	最小值	最大值	标准差
Skew	112560	0.042	0.015	-2.318	3.238	0.566
Stdev	112560	2.466	2.414	0.605	5.678	0.648
Tvr	112560	8.180	5.126	0.000	194.708	9.388

注：R^2 通过式（4-7）回归得出。

从表4-5可以看出，R^2 的平均值为0.461，说明我国上市公司股票价格日收益率的46.1%可以由市场和行业收益率予以解释。也就是说，个股股价波动能够被市场和行业板块波动解释的部分接近一半，表明我国股价波动的同步性现象较为严重。由于选择的样本为2010年1月1日之前上市且样本期间交易持续连续的公司，机构投资者平均持仓较重，为44.387%，因此这组样本对于研究机构投资者对股价同步性影响的效果会更为明显。同时可以发现，机构投资者对个股不是平均分配资金的，最小持股19.9%，而最大值为95.911%，相差4~5倍。机构投资者情绪的均值为0.745，最小值0.193，最大值1.248，最大值是最小值的6.5倍，说明机构投资者的情绪也是宽幅波动的，其对股价同步性的影响应该较为明显。

三、实证结果与分析

1. 面板单位根检验

为了防止出现伪回归和检验结果更为可信，本书利用 Eviews 6.0 软件常见的 LLC、IPS、ADF 和 PP 四种方法同时检验时间序列的平稳性，结果显示有关变量都是平稳的（只有 BM 用 PP 检验不显著，但并不影响平稳性的判断），检验结果如表4-6所示。

表4-6　面板单位根检验结果

变量	LLC	IPS	ADF	PP
Syn	−45. 850 ***	−17. 146 ***	4914. 64 ***	4766. 11 ***
CIISI	−21. 544 ***	−23. 460 ***	2562. 67 ***	3460. 97 ***
CIISI×CIISI	−32. 792 ***	18. 008 ***	2357. 42 ***	1944. 10 ***
BM	−12. 652 ***	−12. 738 ***	2030. 87 ***	1662. 51
First	−3. 122 ***	−6. 350 ***	1695. 66 ***	1452. 54 ***
Ihold	−11. 645 ***	−20. 947 ***	3123. 72 ***	2586. 72 ***
Ihold×CIISI	−24. 187 ***	−24. 057 ***	2845. 20 ***	3381. 06 ***
Orr	−30. 647 ***	−3. 540 ***	3687. 47 ***	3575. 61 ***
Other	−2. 552 ***	−6. 757 ***	1832. 39 ***	1759. 10 ***
Size	−5. 462 ***	−10. 579 ***	2023. 88 ***	2236. 63 ***
Skew	−60. 795 ***	−20. 416 ***	2530. 74 ***	2203. 24 ***
Stdev	−25. 642 ***	−20. 090 ***	2514. 30 ***	2101. 52 ***
Tvr	−30. 066 ***	−67. 621 ***	7711. 50 ***	21104. 2 ***

注：*** 表示1%水平下显著。

2. 回归结果与分析

应用最小二乘法对式（4-6）进行回归，结果如表4-7所示。

表4-7　式（4-6）的回归结果

变量	预符	模型（1）	模型（2）	模型（3）	模型（4）	模型（5）
Const	?	−1. 777 *** (−31. 651)	−1. 903 *** (−33. 757)	−2. 045 *** (−35. 077)	−2. 733 *** (−43. 968)	−2. 782 *** (−43. 483)
CIISI	+	—	0. 282 *** (20. 334)	0. 797 *** (14. 240)	0. 747 *** (13. 402)	0. 819 *** (13. 651)
CIISI×CIISI	?	—	—	−0. 373 *** (−9. 500)	−0. 342 *** (−8. 723)	−0. 346 *** (−8. 827)
Ihold	−	—	—	—	−0. 004 *** (−30. 996)	−0. 003 *** (−8. 147)

续表

变量	预符	模型（1）	模型（2）	模型（3）	模型（4）	模型（5）
Ihod×CIISI	?	—	—	—	—	-0.001*** (-3.241)
Log（Age）	-	-0.067*** (-11.662)	-0.068*** (-11.875)	-0.068*** (-11.810)	-0.036*** (-6.181)	-0.036*** (-6.216)
BM	+	0.990*** (108.265)	1.001*** (109.531)	1.001*** (109.611)	0.991*** (108.773)	0.990*** (108.734)
Nature	-	-0.019*** (-3.809)	-0.018*** (-3.689)	-0.018*** (-3.674)	-0.033*** (-6.649)	-0.033*** (-6.657)
Size	?	0.096*** (40.045)	0.094*** (39.346)	0.094*** (39.165)	0.125*** (48.327)	0.125*** (48.287)
Tvr	-	-0.008*** (-31.713)	-0.009*** (-34.029)	-0.009*** (-32.939)	-0.011*** (-39.904)	-0.011*** (-41.001)
Skew	?	-0.292*** (-75.973)	-0.295*** (-76.830)	-0.294*** (-76.474)	-0.296*** (-77.105)	-0.296*** (-77.120)
Stdev	?	-0.130*** (-31.668)	-0.125*** (-30.561)	-0.129*** (-31.464)	-0.112*** (-28.265)	-0.115*** (-27.814)
Orr	-	-0.000*** (-11.123)	-0.000*** (-11.207)	-0.000*** (-11.198)	-0.000*** (-11.505)	-0.000*** (-11.460)
First	?	-0.003*** (-17.467)	-0.003*** (-17.707)	-0.003*** (-17.687)	-0.000** (-2.500)	-0.000*** (-2.745)
Other	-	-0.006*** (-28.437)	-0.006*** (-28.661)	-0.006*** (-28.693)	-0.003*** (-15.461)	-0.003*** (-15.613)
Year	—	Controlled	Controlled	Controlled	Controlled	Controlled
Industry	—	Controlled	Controlled	Controlled	Controlled	Controlled
Adj. R-Sq	—	0.295	0.298	0.299	0.304	0.305
F 值	—	2246.834	2171.365	2082.530	2052.556	1971.040
观测值	—	112560					

注：括号中为 t 值；***、** 分别表示1%、5%水平下显著。

从表4-7可知，机构投资者情绪指标 CIISI 的系数在各回归结果中均显著为正，这表明股价同步性与机构投资者情绪之间存在显著的正向关系，随着机构投资者情绪的提高，股价同步性也逐步提高，H1 成立。

模型（4）和模型（5）中机构投资者持股比例（Ihold）的回归系数显著为负，这表明机构投资者持股比例越高，股价同步性越低，这与当前的大多数研究结果是一致的（侯宇、叶冬艳，2008；游家兴、汪立琴，2012）。[180, 14] 模型（5）中交叉项 Ihold×CIISI 的回归系数显著为负，表明机构投资者情绪与股价同步性的正向关系随着机构投资者持股比例的提高而减弱，H2 获得支持。

当加入了 CIISI 的平方项后，CIISI 的系数仍然显著为正，而其平方项则显著为负，当加入不同的控制变量后，结果仍然一致。这说明机构投资者情绪与股价同步性之间可能存在一种非线性关系，由回归结果可以知道它是一个倒"U"形的二次曲线，即存在一个极值点，当股价同步性位于那一点时，机构投资者情绪对股价同步性的影响达到最高，而随着机构投资者情绪的提高或降低，股价同步性也逐渐下降，H3 成立。

另外，从表 4-7 的回归结果也可以看到，First 和 Other 的参数估计值均显著为负，与李增泉（2005）的结论没有分歧。[198] Log（Age）的参数估计值均为负，且在 1%水平上显著，表明公司上市年龄（Age）越长，股价波动的同步性越低，与预期方向相符。BM 的参数估计值均在 1%水平上显著为正，表明公司的账面市值比越高，股价同步性越高，与预期相符。Nature 的参数估计值均显著为负，说明国有产权控制的上市公司股价同步性较高，这与李增泉（2005）的结论一致[198]，与预期也相符。Size 的回归系数显著为正，说明公司规模越大股价同步性越高。Tvr 的参数估计值均在 1%水平上显著为负，说明换手率越高，股价反映的公司特征信息量也越多，相应的股价同步性也越低，与预期相符。Orr 的回归系数显著为负，说明营业收入同比增长越快，股价同步性越低，方向与预期相符，但影响很小。

四、稳健性检验

为了检验机构投资者情绪对股价同步性影响的稳健性，本书用三个源指标构建的精简机构投资者情绪指标 CIISI1 替代 CIISI，重新对式（4-6）进行回归，回归的结果与 CIISI 的是一致的，其估计结果如表 4-8 所示。

表 4-8　用 CIISI1 替代 CIISI 对式（4-6）的回归结果

变量	预符	模型（1）	模型（2）	模型（3）	模型（4）	模型（5）
Const	?	−1.777 *** (−31.651)	−1.853 *** (−32.926)	−1.982 *** (−34.491)	−2.684 *** (−43.691)	−2.718 *** (−43.218)
CIISI1	+	—	0.231 *** (15.776)	0.854 *** (14.591)	0.806 *** (13.822)	0.879 *** (13.470)
CIISI×CIISI1	?	—	—	−0.641 *** (−10.991)	−0.585 *** (−10.071)	−0.590 *** (−10.141)
Ihold	−	—	—	—	−0.004 *** (−31.384)	−0.003 *** (−10.418)
Ihod×CIISI	?	—	—	—	—	−0.002 ** (−2.508)
Log（Age）	−	−0.067 *** (−11.662)	−0.068 *** (−11.848)	−0.068 *** (−11.792)	−0.036 *** (−6.103)	−0.036 *** (−6.125)
BM	+	0.990 *** (108.265)	0.995 *** (108.892)	0.995 *** (108.993)	0.985 *** (108.194)	0.984 *** (108.183)
Nature	−	−0.019 *** (−3.809)	−0.019 *** (−3.765)	−0.019 *** (−3.752)	−0.033 *** (−6.761)	−0.033 *** (−6.768)
Size	?	0.096 *** (40.045)	0.095 *** (39.610)	0.095 *** (39.604)	0.127 *** (48.877)	0.127 *** (48.863)

续表

变量	预符	模型（1）	模型（2）	模型（3）	模型（4）	模型（5）
Tvr	−	−0.008 *** (−31.713)	−0.009 *** (−33.799)	−0.009 *** (−32.905)	−0.011 *** (−40.031)	−0.011 *** (−40.073)
Skew	?	−0.292 *** (−75.973)	−0.294 *** (−76.536)	−0.294 *** (−76.343)	−0.295 *** (−77.004)	−0.295 *** (−77.014)
Stdev	?	−0.130 *** (−31.668)	−0.125 *** (−30.459)	−0.128 *** (−31.114)	−0.114 *** (−27.844)	−0.114 *** (−27.559)
Orr	−	−0.000 *** (−11.123)	−0.000 *** (−11.174)	−0.000 *** (−11.177)	−0.000 *** (−11.490)	−0.000 *** (−11.472)
First	?	−0.003 *** (−17.467)	−0.003 *** (−17.676)	−0.003 *** (−17.643)	−0.000 ** (−2.301)	−0.000 ** (−2.405)
Other	−	−0.006 *** (−28.437)	−0.005 *** (−28.612)	−0.006 *** (−28.597)	−0.003 *** (−15.244)	−0.003 *** (−15.314)
Year	—	Controlled	Controlled	Controlled	Controlled	Controlled
Industry	—	Controlled	Controlled	Controlled	Controlled	Controlled
Adj. R−Sq	—	0.295	0.297	0.298	0.304	0.304
F 值	—	2246.834	2160.745	2074.253	2045.993	1964.498
观测值	—	112560				

注：括号中为 t 值；*** 、** 分别表示 1%、5% 水平下显著。

本章小结

　　本章首先选取股指期货净头寸（NP）、资金流入流出净家数（NN）和沪深 300 指数交易量（TV）三个初级指标，采用主成分分析方法，构建了机构投资者情绪综合指标（CIISI），并利用中国证券市场的数据实证分析了机构投资者情绪与股价同步性的关系，以及机构投资者持股在两者关系中所起的作用，进一步证实了机构投资者情绪对股价波动的同步性存在显著的影响作用。基于实证结果，得出结论如下：

（1）股价同步性与机构投资者情绪正相关；

（2）股价同步性与机构投资者情绪的正相关关系随着机构投资者持股比例的增加而减弱；

（3）进一步建立非线性模型分析，发现股价同步性与机构投资者情绪存在倒"U"形关系。

由此可见，股价同步性受"非理性情绪"的影响显著，因而证券监管部门应建立完善的上市公司信息披露制度，强化上市公司信息披露，以使股价反映更多的公司特质信息。对目前证券市场不够透明的现状，应当从制度建设、市场主体和媒体监督等方面进行监管，以减轻"非理性情绪"可能引发的股价同步性现象。

第五章
机构投资者的分类投资行为与
股价同步性

第一节 理论分析与研究假设

国外相关研究表明，股价波动的同步性往往与基本面无关。于是，基于行为金融的视角，Barberis 等（2005）把造成股价同步性的原因归纳为三类，即分类造成的、偏好造成的和信息驱动的股价同步性。[18] 分类的观点认为投资者出于简化投资组合的目的，人为地把证券资产分类进行投资，当资金从一类股票转移到另一类股票，需求导致的价格压力影响了股价的时候，容易产生股价同步性现象。本章拟参照中国证监会的行业划分标准对面板样本数据分组，将机构投资者的行业投资行为分为非趋同交易、趋同交易以及两者的混合对股价同步性的影响进行分析，试图从机构投资者的层面，验证行为金融视角下的分类形成股价同步性假说。

机构投资者非趋同交易行为是与趋同交易行为比较而言的，指仅考虑机构投资者对个股的持有和交易情况，不考虑机构投资者之间交易互动的行为。本书只发现 Kumar 等（2010）研究了个人和机构投资者的趋同性交易行为与股价同步性的关系，其他学者研究机构投资者交易行为对股价同步性的影响时，都是仅考虑非趋同交易的情况。[23] 国内的学者研究机构投资者行为对股价同步性的影响时，大都采用机构投资者持股比例变量，得到的结论也大都支持机构投资者交易提高了股价的信息含量，降低了股价波动的同步性（侯宇、叶冬艳，2008；尹雷，2010；杨竹清，2012）。[180~182]

净买率（IMB），即"机构投资者交易不平衡"（Trading Imbalance of Institutional Investors）。由于该指标能够直接反映机构投资者的交易行为，成为近年来研究机构投资者交易行为普遍被采用的方法（Kaniel et al.，2008；Bailey et al.，2009；Li and Wang，2010）。[199~201] 机构投资者的交易行为是客观存在的，机构投资者净买率与持股数据只是反映机构投资者交易行为的角度不同。因此，尽管鲜有文献使用净买率变量研究机构投资者的交易行为与股价同步性的关系，不妨借鉴机构投资者持股对股价同步性影响的研究结论。同时，相比个人投资者而言，机构投资者是证券市场上的投资主体，其拥有人才优势、专业优势以及资金优势，机构投资者具有更强的信息解读能力，投资也更为理性（Brennan，1995；Bartov et al.，2000）。[190~191] 综上，本章提出第一条研究假设：

H1：股价同步性与机构投资者的非趋同交易行为负相关，且这种负相关关系随着机构投资者持股比例的增加而增强。

机构投资者趋同交易行为是指考虑了机构投资者之间的互动交易行为，即考虑了板块轮动或交易风格等关联的交易行为。股价同步性是指单个公司股票价格的波动与市场平均波动之间的关联性，即"同涨同跌"现象。如果只有极少数的股票出现股价同步性现象，研究的意义是不大的，而当股价同步性现象成为一种普遍现象时，才突显出其研究价值。从"同涨同跌"现象可知，股价同步性应该更多地反映"群体趋同行为"的结果。因此，本书认为应该着重从机构投资者交易相互关联的、趋同的视角进行研究。

从直观意义上来看，对某个行业或概念板块，机构投资者都看好（或看淡），进而引发买入（或卖出）行为，结果就容易形成股价同步性现象。肖欣荣等（2012）以基金重仓股为纽带，构建了一个基金之间相互关联的网络模型。[202] 他们发现，基金经理会根据基金网络中的信息进行交易，且自 2007 年后基金经理对于重仓股的交易行为与公司的公开信息并无显著关系。信息在基金网络中传播从而引发基金经理的投资行为，这一传染过程就会导致基金之间交易的关联性、模仿性，而这种趋同的交易行为很有可能导致股价同步性现象。据此，本章提出第二条研究假设：

H2：股价同步性与机构投资者的趋同交易行为正相关，且这种正相关关系随着机构投资者持股比例的增加而减弱；若股价同步性与机构投资者的趋同交易存在非线性关系，则本章在模型中引入反映机构投资者趋同交易变量的平方项，则该平方项应该显著不等于 0。

机构投资者非趋同交易和趋同交易只是从不同的视角考察机构投资者的交易行为，事实上，机构投资者的交易行为是真实的、客观存在的，并不会因为研究视角的不同而有所改变。H1 假设股价同步性与机构投资者非趋同交易负相关，而 H2 假设股价同步性与机构投资者趋同交易正相关，从表面上看，不同的视角考察机构投资者的交易行为对股价同步性的影响作用是对立的、矛盾的，因而，有必要把这两方面的影响放到一起来研究，以考察机构投资者两种不同趋同性的交易行为对股价同步性的综合影响力。

假如股价同步性正向反映机构投资者的趋同交易行为，股价同步性是由机构投资者群体的趋同投资行为推动的，关联的、趋同的交易行为才是导致股价同步性的真正推手。那么，很有可能非趋同交易行为本身并不会真正导致股价同步性的降低，其作用要通过趋同交易行为才能显现。据此，本章提出第三条研究假设：

H3：趋同交易行为是影响股价同步性的决定性因素，而非趋同交易行为对股价同步性的影响都是通过趋同交易行为发生作用的。

第二节 机构投资者非趋同交易行为对股价同步性影响的实证分析

一、模型设定与变量选取

1. 模型设定

为了考察机构投资者非趋同交易行为对股价同步性的影响，其回归模型设定如下：

$$
\begin{aligned}
\text{Syn}_{i,t} = {} & \gamma_0 + \gamma_1 \text{IMB}_{i,t} + \gamma_2 \text{Ihold}_{i,t} + \gamma_3 \text{Ihold} \times \text{IMB}_{i,t} + \gamma_4 \log(\text{Age}_{i,t}) + \\
& \gamma_5 \text{Nature}_{i,t} + \gamma_6 \text{Size}_{i,t} + \gamma_7 \text{Tvr}_{i,t} + \gamma_8 \text{Skew}_{i,t} + \gamma_9 \text{Stdev}_{i,t} + \\
& \gamma_{10} \text{Orr}_{i,t} + \gamma_{11} \text{First}_{i,t} + \gamma_{12} \text{Other}_{i,t} + \sum \gamma_{12+i} \text{Year}_i + \\
& \sum \gamma_{14+j} \text{Industry}_j + \varepsilon_{i,t}
\end{aligned}
\tag{5-1}
$$

其中，各变量的含义见下文，$\varepsilon_{i,t}$ 表示随机扰动项。

2. 变量选取

"机构投资者交易不平衡"即机构投资者净买率定义为：

$$
\begin{aligned}
\text{IMB}_{it} &= \frac{\text{买入成交量}_{it} - \text{卖出成交量}_{it}}{\text{总成交量}_{it}} \\
&= \frac{\text{买入成交金额}_{it} - \text{卖出成金额}_{it}}{\text{总成交金额}_{it}} \\
&= \frac{\text{资金净流入额}_{it}}{\text{总成交金额}_{it}}
\end{aligned}
\tag{5-2}
$$

交叉项1（Ihold×IMB），即机构投资者持股比例与机构投资者净买率的乘积项，表示机构投资者持股比例对股价同步性与机构投资者净买率之间关系的额外作用。由前文的研究假设，预期机构投资者净买率和交叉项1两个变量的回归符号为负。

模型（5-1）中其余变量的具体解释如表5-1所示。

表5-1　变量定义

变量名	变量符号	预符	变量定义
股价同步性	Syn		基于 R^2 的同步性测度，见第四章变量选取部分
机构投资者持股比例	Ihold	−	机构持股比例合计，见第四章变量选取部分
公司上市年龄	Age	−	公开发行距离研究窗口的间隔年份，见第四章
账面市值比	BM	+	当季末净资产与总市值的比值，见第四章
最终控制人性质	Nature	−	控制人为国有时，取值0，否则为1，见第四章
公司规模	Size	?	周末流通总市值的自然对数，见第四章
换手率	Tvr	−	个股的周换手率，见第四章
偏度	Skew	?	当季日收益率的偏度，见第四章
标准差	Stdev	?	当季日收益率的标准差，见第四章
第一大股东持股比例	First	?	公司第一大股东持股比例，见第四章
其他九大股东持股比例	Other	−	第二至第十大股东持股比例之和，见第四章
营业收入同比增长	Orr	−	收入同比增长，反映业绩扩展能力，见第四章
行业虚拟变量	Industry		属于该行业时，取值1，否则为0，见第四章
年度虚拟变量	Year		属于该年时，取值1，否则为0，见第四章

Age为公司上市年龄，取公司首次公开发行距离研究窗口的间隔年份并加入了自然对数。BM为账面市值比，取公司当季末净资产与总市值的比值，以衡量公司的成长性。First和Other分别表示第一大股东持股比例、其他九大股东持股比例，股权结构是公司治理的基础，因而

会影响投资者的投资行为，进而影响股价波动的同步性。Ihold 为机构投资者持股比例，来源于 Wind 资讯数据库。Nature 表示最终控制人性质，为虚拟变量。如果公司最终控制人为国有时，Nature = 0；否则，Nature = 1。Orr 为营业收入同比增长，以反映公司的业绩扩展能力。Size 为公司规模，取个股的周末流通总市值的自然对数。Tvr 为换手率，其值等于成交股数与流通股本的比值。模型中还加入了偏度（Skew）和标准差（Stdev），用来控制 Syn 中可能存在的噪声影响。此外，本章还控制了年度和行业因素影响的变量。年度虚拟变量 Year（2010，2011，2012）与行业虚拟变量 Industry（按照中国证监会对行业的分类，剔除了金融、社会服务和综合类的其他十类行业）。为避免多重共线性，实际操作时，模型中只设定两个年度虚拟变量和九个行业虚拟变量。

二、数据来源与描述性统计

1. 数据来源

本章选取 2010 年 1 月 1 日至 2012 年 12 月 31 日的沪深股市数据。为了保持数据的连续性，剔除了 2010 年 1 月 1 日之后上市以及数据缺失的个股（也不包括金融行业、创业板和 ST 股票），共涉及股票804 只。

采样数据的时间频率为日，数据处理后所有变量都以周为时间周期，因此最终每个变量取得 804×153 = 123012 个样本数据。

本章所有的数据均来源于 Wind 资讯数据库，采用 Excel 和 Eviews 6.0 统计软件进行数据处理。

2. 描述性统计

2010 年 1 月 4 日上证指数收盘 3243 点，其后一路震荡下行，到

2012 年 12 月 31 日为 2269 点收盘，整体下跌了 30%。从表 5-2 可以看出，IMB 均值为 -2.822，中位数为 -2.657，说明样本期间机构投资者以减仓为主基调，这与我国股市的实际运行状况是一致的。本章的样本从 2010 年 1 月 4 日开始，比第四章第三节的样本多了 13 个（从 4 月 16 日开始），因此其他变量的描述性统计与第四章的表 4-5 相比变化不大，在此不再一一赘述。

表 5-2　变量的描述性统计

变量	样本数	均值	中位数	最小值	最大值	标准差
R^2	123012	0.457	0.457	0.003	0.936	0.178
Syn	123012	-0.208	-0.172	-5.806	2.683	0.844
IMB	123012	-2.822	-2.657	-220.375	102.507	7.353
Log（Age）	123012	2.450	2.565	1.386	3.135	0.458
BM	123012	0.421	0.362	0.004	2.861	0.265
First	123012	37.296	35.605	0.810	86.350	15.489
Ihold	123012	43.781	44.474	0.199	95.911	21.541
Ihold×IMB	123012	-116.007	-77.005	-10603.55	6705.810	374.975
Orr	123012	26.818	15.473	-99.834	6970.685	126.169
Other	123012	17.956	15.630	0.021	65.680	12.626
Size	123012	22.155	21.990	19.600	28.337	0.989
Skew	123012	0.041	0.013	-2.318	3.238	0.564
Stdev	123012	2.473	2.420	0.605	5.678	0.642
Tvr	123012	8.661	5.496	0.000	194.708	9.793
Cor1	123012	0.660	0.611	-1.043	2.893	0.469
Cor1×Cor1	123012	0.655	0.376	0.000	8.370	0.828
Ihold×Cor1	123012	29.556	22.965	-76.040	240.271	28.473

注：R^2 通过第四章的式（4-7）回归得出。

三、实证结果与分析

1. 面板单位根检验

为了防止出现伪回归和检验结果更为可信，本章利用 Eviews 6.0 软件常见的 LLC、IPS、ADF 和 PP 四种方法同时检验时间序列的平稳性，结果显示除了账面市值比（BM）之外其他变量都是平稳的，检验结果如表 5-3 所示。由于 BM 差分之后变为常数，在回归模型中失去意义，因此本章在模型中将其剔除。

表 5-3　面板单位根检验结果

变量	LLC	IPS	ADF	PP
Syn	−50.012 ***	−21.457 ***	5533.19 ***	5305.45 ***
IMB	−52.510 ***	−25.287 ***	14846.4 ***	56557.4 ***
BM	7.902	−2.246 **	1360.84	1356.77
First	−4.618 ***	−9.515 ***	2151.10 ***	1737.75 ***
Ihold	−8.277 ***	−20.020 ***	3092.27 ***	2608.83 ***
Ihold×IBM	−46.064 ***	−114.514 ***	16766.7 ***	59030.9 ***
Orr	−12.137 ***	−6.850 ***	1955.18 ***	4005.62 ***
Other	−6.572 ***	−13.954 ***	2497.36 ***	2134.71 ***
Size	−5.956 ***	−11.678 ***	2157.57 ***	2223.00 ***
Skew	−65.047 ***	−25.222 ***	2926.74 ***	2558.48 ***
Stdev	−15.962 ***	−24.004 ***	2845.33 ***	2447.54 ***
Tvr	−39.086 ***	−65.045 ***	7961.29 ***	20735.2 ***
Cor1	−23.124 ***	−20.450 ***	2569.37 ***	2236.30 ***
Cor1×Cor1	−36.432 ***	−21.231 ***	2671.74 ***	2295.50 ***
Ihold×Cor1	−23.020 ***	−27.352 ***	3330.21 ***	3054.23 ***

注：*** 、** 分别表示 1%、5% 水平下显著。

2. 回归结果与分析

应用最小二乘法对式（5-1）进行回归，结果如表5-4所示。

表5-4 式（5-1）的回归结果

变量	预符	模型（1）	模型（2）	模型（3）	模型（4）
Const	?	−1.385*** (−24.537)	−1.402*** (−24.842)	−2.176*** (−35.846)	−2.175*** (−35.828)
IMB	−	—	−0.004*** (−13.756)	−0.003*** (−11.837)	−0.002*** (−2.659)
Ihold	−	—	—	−0.004*** (−33.636)	−0.005*** (−32.999)
Ihold×IMB	−	—	—	—	−0.000*** (−2.604)
Log（Age）	−	−0.064*** (−10.997)	−0.063*** (−10.790)	−0.028*** (−4.739)	−0.028*** (−4.735)
Nature	−	−0.083*** (−16.794)	−0.083*** (−16.785)	−0.098*** (−19.888)	−0.098*** (−19.891)
Size	?	0.111*** (45.884)	0.111*** (45.995)	0.145*** (55.648)	0.146*** (55.692)
Tvr	−	−0.010*** (−39.476)	−0.010*** (−338.356)	−0.012*** (−46.157)	−0.012*** (−46.230)
Skew	?	−0.318*** (−81.869)	−0.316*** (−81.287)	−0.318*** (−82.194)	−0.318*** (−82.183)
Stdev	?	−0.223*** (−56.281)	−0.225*** (−56.781)	−0.207*** (−52.124)	−0.207*** (−52.066)
Orr	−	−0.000*** (−15.859)	−0.000*** (−15.997)	−0.000*** (−16.324)	−0.000*** (−16.317)

续表

变量	预符	模型（1）	模型（2）	模型（3）	模型（4）
First	？	−0.004 *** (−21.761)	−0.003 *** (−21.251)	−0.001 *** (−5.031)	−0.001 ** (−5.002)
Other	−	−0.008 *** (−37.081)	−0.007 *** (−36.583)	−0.006 *** (−22.266)	−0.005 *** (−22.243)
Year	—	Controlled	Controlled	Controlled	Controlled
Industry	—	Controlled	Controlled	Controlled	Controlled
Adj. R-Sq	—	0.235	0.236	0.243	0.243
F 值	—	1890.156	1811.915	1796.620	1718.977
观测值	—	123012			

注：括号中为 t 值；*** 、** 分别表示 1%、5%水平下显著。

从表 5-4 可知，机构投资者净买率 IMB 的系数在各回归结果中均显著为负，这表明股价同步性与机构投资者净买率之间存在显著的负向关系，随着机构投资者资金净流入的增加，股价同步性也逐步降低，回归符号与预期相符。模型（3）和模型（4）中机构投资者持股比例（Ihold）的回归系数显著为负，表明机构投资者持股比例越高，股价同步性越低，这与第四章第三节的回归结果是一致的。模型（4）中交叉项 Ihold×IMB 的回归系数显著为负，表明机构投资者净买率与股价同步性的负向关系随着机构投资者持股比例的提高而增强，回归符号也与预期相符，H1 获得支持。

另外，从表 5-4 的回归结果也可以看到，First、Other、Log（Age）、Nature、Tvr 和 Orr 的参数估计值均显著为负，而 Size 显著为正，因此，控制变量与第四章第三节的回归结果也是一致的。

第三节 机构投资者趋同交易行为对股价
同步性影响的实证分析

一、模型设定与变量选取

1. 模型设定

为了考察机构投资者趋同交易行为对股价同步性的影响，设定如下回归模型：

$$Syn_{i,t} = \gamma_0 + \gamma_1 Cor1_t + \gamma_2 Cor1 \times Cor1_t + \gamma_3 Ihold_{i,t} + \gamma_4 Ihold \times Cor1_{i,t} +$$
$$\gamma_5 \log(Age_{i,t}) + \gamma_6 Nature_{i,t} + \gamma_7 Size_{i,t} + \gamma_8 Tvr_{i,t} +$$
$$\gamma_9 Skew_{i,t} + \gamma_{10} Stdev_{i,t} + \gamma_{11} Orr_{i,t} + \gamma_{12} First_{i,t} +$$
$$\gamma_{13} Other_{i,t} + \sum \gamma_{13+i} Year_i + \sum \gamma_{15+j} Industry_j + \varepsilon_{i,t}$$

$$(5-3)$$

其中，关键变量的含义见下文，各控制变量如表 5-1 所示，$\varepsilon_{i,t}$ 表示随机扰动项。

2. 关键变量

交易趋同度（Cor1）。为了度量机构投资者对个股与行业板块之间交易的关联程度，本章建立如下的回归模型：

$$IMB_{it} = \beta_0 + \beta_1 IMB_{pt} + \varepsilon_{it} \qquad (5-4)$$

其中，IMB_{it} 是 t 期股票 i 的净买率，IMB_{pt} 为 t 期行业板块 p（参照中国证监会公布的分类标准）的平均净买率，采用按市值加权平均计算。[1] 回归系数 β_1 反映了股票 i 与行业板块 p 之间交易的趋同性，即 β_1 能度量持有股票 i 的机构投资者的交易行为与持有行业板块 p 的机构投资者平均交易行为之间的趋同性，本书把这种趋同性称为交易趋同度，并记为 Cor1。

以季度作为回归窗口，用日数据对模型（5-4）进行最小二乘回归。数据处理后最终所有变量都以周为时间周期，因此 Cor1 最终取得 804×153＝123012 个样本数据。

交叉项 2（Cor1×Cor1）为机构投资者交易趋同度的平方项。在模型中加入该变量主要是为了考察机构投资者的交易趋同度与股价同步性之间是否具有非线性关系，若存在显著的非线性关系，则该平方项的回归系数应该显著不等于 0，但符号无法提前预期。

交叉项 3（Ihold×Cor1）为机构投资者持股比例与机构投资者趋同度的乘积项，表示机构投资者持股比例对股价同步性与机构投资者趋同度之间关系的额外作用。若模型（5-3）中 γ_1 显著为正时，γ_4 显著为正，则表明机构投资者交易趋同度提高，随着机构投资者持股比例的增加，股价同步性会提高，即不支持 H2；若 γ_1 显著为正时，γ_3 显著为负，则表明机构投资者交易趋同度提高，随着机构投资者持股比例的增加，股价同步性会降低，H2 成立。

二、实证结果与分析

1. 数据描述与面板单位根检验

本节与本章第二节为同一样本数据，新增加的三个变量 Cor1、Cor1×Cor1 和 Ihold×Cor1 的数据描述如表 5-2 所示，面板单位根检验如表 5-3 所示。

---

① 同样数量的资金流入不同市值的股票，其对股票收益率的影响会存在很大的差异。

从表5-2可以看出，Cor1的均值为0.660，中位数为0.611，说明平均而言，机构投资者的个股资金流入流出与本行业板块平均的资金流入流出相关性较强，即总体上机构投资者存在较强的行业板块特征。

从表5-3可知，Cor1、Cor1×Cor1和Ihold×Cor1三个变量都是平稳的。

2. 回归结果与分析

应用最小二乘法对式（5-3）进行回归，结果如表5-5所示。

表5-5　式（5-3）的回归结果

变量	预符	模型（1）	模型（2）	模型（3）	模型（4）	模型（5）
Const	?	-1.385*** (-24.537)	0.497*** (21.629)	0.422*** (18.460)	0.385*** (16.838)	0.272*** (11.506)
Cor1	+	—	0.653*** (151.746)	1.030*** (102.983)	1.030*** (103.168)	1.195*** (90.039)
Cor1×Cor1	?	—	—	-0.235*** (-41.760)	-0.231*** (-41.163)	-0.223*** (-39.604)
Ihold	—	—	—	—	-0.003*** (-22.757)	-0.000 (-0.958)
Ihold×Cor1	?	—	—	—	—	-0.004*** (-18.824)
Log（Age）	—	-0.064*** (-10.997)	-0.057*** (-10.674)	-0.057*** (-10.691)	-0.031*** (-41.163)	-0.034*** (-6.224)
Nature	—	-0.083*** (-16.794)	-0.078*** (-17.158)	-0.079*** (-17.460)	-0.091*** (-19.922)	-0.089*** (-19.683)
Size	?	0.111*** (45.884)	—	—	—	—
Tvr	—	-0.010*** (-39.476)	-0.009*** (-38.179)	-0.009*** (-38.666)	-0.011*** (-43.719)	-0.010*** (-42.984)
Skew	?	-0.318*** (-81.869)	-0.332*** (-92.631)	-0.327*** (-91.824)	-0.325*** (-91.373)	-0.326*** (-91.687)

续表

变量	预符	模型（1）	模型（2）	模型（3）	模型（4）	模型（5）
Stdev	?	−0.223 *** (−56.281)	−0.225 *** (−61.739)	−0.235 *** (−64.914)	−0.229 *** (−63.116)	−0.228 *** (−63.131)
Orr	−	−0.000 *** (−15.859)	−0.000 *** (−14.334)	−0.000 *** (−13.959)	−0.000 *** (−14.192)	−0.000 *** (−13.962)
First	?	−0.004 *** (−21.761)	−0.002 *** (−15.885)	−0.002 *** (−13.990)	−0.000 ** (−2.507)	−0.000 (−1.424)
Other	−	−0.008 *** (−37.081)	−0.006 *** (−30.235)	−0.005 *** (−28.170)	−0.003 *** (−17.985)	−0.004 *** (−17.848)
Year	?	Controlled	Controlled	Controlled	Controlled	Controlled
Industry	−	Controlled	Controlled	Controlled	Controlled	Controlled
Adj. R-Sq	—	0.235	0.345	0.354	0.357	0.359
F 值	—	1890.156	3234.969	3207.662	3098.58	2987.287
观测值	—	123012				

注：括号中为 t 值；*** 、** 分别表示 1%、5%水平下显著。

从表 5-5 的回归结果可知，机构投资者交易趋同度指标 Cor1 的系数在各回归结果中均显著为正，这表明股价同步性与机构投资者交易趋同度之间存在显著的正向关系，随着机构投资者交易趋同度的提高，股价同步性也逐步提高。当加入 Cor1 的平方项后，Cor1 的系数仍然显著为正，而其平方项则显著为负，当加入不同的控制变量后，结果仍然一致。这说明机构投资者交易趋同度与股价同步性之间可能存在一个非线性关系，由回归结果可以知道它是一个倒"U"形的二次曲线，即存在一个极值点，当股价同步性位于那一点时，机构投资者交易趋同度对股价同步性的影响达到最高，而随着机构投资者交易趋同度的提高或降低，股价同步性也逐渐下降。

模型（4）和模型（5）中机构投资者持股比例（Ihold）的参数估计值仍然显著为负。模型（5）中交叉项 Ihold×Cor1 的回归系数显著为负，表明机构投资者交易趋同度与股价同步性的正向关系随着机构投资者持股比例的提高而减弱，H2成立。

另外，模型（5）中加入交叉项Ihold×Cor1时，变量Ihold和First变得不再显著，并且调整后的R^2与仅包含Ihold和First的回归还要大（0.357变为0.359），说明这三个变量中，交叉项Ihold×Cor1是影响股价同步性的决定性因素，其他两个变量都是通过该变量发生作用。其他控制变量与本章第二节是一致的，不再重复阐述。

第四节　机构投资者非趋同交易与趋同交易行为的混合回归

为了考察机构投资者两种不同趋同性的交易行为对股价同步性的综合影响力，本章应用最小二乘法对非趋同与趋同交易行为进行混合回归，结果如表5-6所示。

表5-6　非趋同与趋同交易行为混合回归的结果

变量	预符	模型（1）	模型（2）	模型（3）	模型（4）	模型（5）
Const	?	-2.175 *** (-35.828)	0.246 *** (12.918)	0.454 *** (19.722)	0.384 *** (16.738)	0.271 *** (11.459)
IMB	?	-0.002 *** (-2.659)	—	-0.001 * (-1.700)	-0.001 (-1.176)	-0.000 (-0.500)
Cor1	+	—	1.206 *** (107.435)	0.657 *** (152.905)	1.028 *** (102.955)	1.194 *** (89.888)
Cor1×Cor1	?	—	-0.222 *** (-39.625)	—	-0.230 *** (-41.073)	-0.222 *** (-39.518)
Ihold	-	-0.005 *** (-32.999)	—	-0.003 *** (-22.866)	-0.003 *** (-22.001)	-0.000 (-1.247)

续表

变量	预符	模型（1）	模型（2）	模型（3）	模型（4）	模型（5）
Ihold×IMB	?	-0.000 *** (-2.604)	—	-0.000 ** (-2.164)	-0.000 ** (-2.497)	-0.000 *** (-3.181)
Ihold×Cor1	?	—	-0.004 *** (-32.657)	—	—	-0.004 *** (-18.873)
Log（Age）	-	-0.028 *** (-4.735)	-0.031 *** (-6.300)	-0.029 *** (-5.347)	-0.030 *** (-5.584)	-0.034 *** (-6.181)
Nature	-	-0.098 *** (-19.891)	-0.088 *** (-19.633)	-0.090 *** (-19.695)	-0.090 *** (-19.877)	-0.089 *** (-19.639)
Size	?	0.146 *** (55.692)	—	—	—	—
Tvr	-	-0.012 *** (-46.230)	-0.010 *** (-43.856)	-0.010 *** (-42.723)	-0.010 *** (-42.936)	-0.010 *** (-42.250)
Skew	?	-0.318 *** (-82.183)	-0.326 *** (-91.868)	-0.328 *** (-91.703)	-0.324 *** (-90.953)	-0.324 *** (-91.269)
Stdev	?	-0.207 *** (-52.066)	-0.228 *** (-63.265)	-0.219 *** (-60.216)	-0.230 *** (-63.367)	-0.229 *** (-63.366)
Orr	-	-0.000 *** (-16.317)	-0.000 *** (-13.922)	-0.000 *** (-14.650)	-0.000 *** (-14.266)	-0.000 *** (-14.032)
First	?	-0.001 ** (-5.002)	—	-0.001 *** (-3.614)	-0.000 ** (-2.414)	-0.000 (-1.322)
Other	-	-0.005 *** (-22.243)	-0.003 *** (-20.564)	-0.004 *** (-19.360)	-0.004 *** (-17.873)	-0.004 *** (-17.732)
Year	—	Controlled	Controlled	Controlled	Controlled	Controlled
Industry	—	Controlled	Controlled	Controlled	Controlled	Controlled
Adj. R-Sq	—	0.243	0.359	0.348	0.357	0.359
F 值	—	1718.977	3273.373	2855.642	2844.499	2752.859
观测值	—	123012				

注：括号中为 t 值；*** 、** 和 * 分别表示1%、5%和10%水平下显著。

表5-6中，模型（1）是非趋同交易模型，模型（2）是趋同交易

模型，模型（3）、模型（4）和模型（5）是在模型（1）的基础上，逐步加入 Cor1、Cor1×Cor1 和 Ihold×Cor1 变量的模型。模型（3）加入 Cor1 变量时，IMB 的系数仍然保持显著为负，与模型（1）是一致的，但在模型（4）中再加入 Cor1×Cor1 变量时，IMB 的系数不再显著。模型（5）是在模型（4）的基础上加入交叉项 Ihold×Cor1，此时 IMB 的系数不但不显著，系数的值也变为 0，同时变量 Ihold 和 First 系数都不显著，这点与趋同性交易模型（5-2）的回归结果是一致的。交叉项 Ihold×IMB 在所有的模型中都是显著的，但是系数的估计值都为 0，其对股价同步性的影响是微乎其微的。从回归结果还可以注意到，在模型（1）的基础上，逐步加入 Cor1、Cor1×Cor1 和 Ihold×Cor1 变量过程中，其相应模型的调整后 R^2 都是逐步增加的。

本章用 Ihold、IMB 和 Ihold×IMB 三个关键变量考察机构投资者非趋同交易对股价同步性的影响，而用 Cor1、Cor1×Cor1 和 Ihold×Cor1 三个关键变量考察机构投资者趋同交易对股价同步性的影响。当把所有这些变量混合到一起进行回归时，非趋同性交易对股价同步性影响的作用突然就消失了。因为 Ihold 和 IMB 系数的估计值都变成了 0，而且不再显著，Ihold×IMB 系数的估计值在所有模型中都是 0，尽管显著，但其对股价同步性的影响非常小，可以忽略不计。这一现象说明，机构投资者非趋同交易确实对股价同步性有影响作用，但趋同性交易才是影响股价同步性的决定性因素，非趋同性交易对股价同步性的影响都是通过趋同交易发生作用的，支持 H3。

本章小结

本章按照中国证监会的行业划分标准对面板样本数据分组，将机构投资者的分类投资行为分为非趋同交易、趋同交易以及两者的混合对股价同步性的影响进行研究，从机构投资者的层面，验证了行为金融视角下的分类形成股价同步性假说。基于实证结果，得出结论如下：

（1）股价同步性与机构投资者的非趋同交易行为负相关，且这种负相关关系随着机构投资者持股比例的增加而增强。

（2）股价同步性与机构投资者的趋同交易行为正相关，且这种正相关关系随着机构投资者持股比例的增加而减弱；进一步建立非线性模型分析，发现股价同步性与机构投资者的趋同交易行为存在倒"U"形关系。

（3）趋同交易行为是影响股价同步性的决定性因素，而非趋同交易行为对股价同步性的影响都是通过趋同交易行为发生作用的。

本章研究得出了趋同交易行为与股价同步性正相关、是影响股价同步性的决定性因素的新结论（国内鲜有文献从趋同交易行为的视角对股价同步性进行研究）。因此，在大力发展机构投资者队伍的同时，应注意培育不同投资风格和投资理念的机构投资者，如提高 QFII 和 RQFII 的配额以壮大不同投资风格的机构投资者力量。引导机构投资者进行价值投资、理性投资，大力培植价值蓝筹股、绩优股和高成长股资源，最大限度地减少机构投资者的趋同交易行为及可能引发的股价同步性现象。

第六章
机构投资者的偏好投资行为与股价同步性

第一节 理论分析与研究假设

基于行为金融的视角，Barberis 等（2005）把造成股价同步性的原因归纳为三类，即分类造成的、偏好造成的和信息驱动的股价同步性。[18] 偏好的观点认为投资者会根据自己特定的偏好或习惯选择少量的几种股票投资，如果某些投资群体的偏好或习惯发生变化而改变持有的股票种类时，也容易产生股价同步性现象。本章拟从机构投资者持股和博彩偏好对股价同步性的影响进行分析，试图从机构投资者的层面，验证行为金融视角下的偏好形成股价同步性假说。

风格偏好投资对投资者的组合配置和股票收益均具有重要影响。Barberis 等（2003）认为，投资者会按不同的风格进行投资，并依据风格的相对收益（而非绝对收益）配置风险投资资金。[135] Fama 和 French（1995）发现同一风格组合中，收益和现金流之间的相关性并不高。[203] 因此，风格投资行为受到情绪和认知等心理因素的影响，在很大程度上是缘于投资者的非理性特征。Barberis 等（2005）研究指出，除基本面因素外，投资者的交易行为会引发对某些股票需求的相关变动，并促使股价同步性的提高。[18] 当一种风格流行时，同一风格的股票之间股价波动的同步性将会增加。同时，资源由一种风格流入其竞争风格，这又导致不同风格之间股价波动的同步性负相关。Pirinsky 和 Wang（2004）、Cheng（2011）把机构投资者持股比例按高低分为两组，研究发现同一组合内部的股票之间股价波动的同步性现象明显，不同股票组合之间股价波动的同步性负相关，进一步证实了机构投资者的持股偏好会影响股价同步性的结论。[22, 122]

我国的机构投资者有着共同的调研方式，"吃着共同的草"，投资思路和投资方式趋同，表现在投资上就是抱团取暖、追涨杀跌。①② 我国证券基金持股重合度高、同质化现象严重，他们又处在同一个社会网络中，彼此之间存在信息的传递，很可能会导致股价同步性现象。③ 据此，本章提出第一条研究假设：

H1：机构投资者持股偏好会导致股价波动的同步性现象。

Kumar（2009）把具有低股价、高特质波动率和高特质偏度特征的股票称为"彩票类股票"。[15] 类似于彩票的以小博大特性，有博彩倾向的投资者往往偏爱低价股；高的特质波动率说明该股的股性活跃，而高的特质偏度可能意味着该股票大涨的概率较高，显然具有这样特征的股票契合了人们的经济直觉，符合博彩投资者的口味。Kumar 发现相较机构投资者，个人投资者偏好彩票类股票。Bali 等（2011）利用过去一个月的最大日收益率刻画股票的彩票特性，也为投资者在股票投资中的博彩偏好提供了经验证据。[204] 国内学者郑振龙和孙清泉（2013）使用低股价、高的历史日收益率和高换手率识别股票的彩票特

---

①　赵学毅. 基金现身 26 公司"前十大"，抱团取暖开局失利 [N]. 证券日报，2011-10-17（B01）.

②　杜志鑫. 基金反思抱团取暖 [N]. 证券时报，2013-11-04（B05）.

③　赵学毅. 同门基金持股重合度曝光，大成系扎堆，3 只白酒股浮亏逾 7 亿元 [N]. 证券日报，2013-03-29（D03）.

性，发现我国股票市场存在明显的博彩偏好。[205]

根据国外相关文献，机构投资者也会参与投机交易。中国股市更是投机风气盛行，《财经》杂志在 2000 年 10 月刊登的封面文章《基金黑幕——关于基金行为的研究报告解析》中，作者根据第一手的交易数据，客观详尽地展示了股市中证券投资基金存在大量的对倒、倒仓及与券商联手建仓等违规行为。鉴于此，本章提出第二条研究假设：

H2：我国机构投资者存在明显的博彩偏好。

国外有一类文献从分类/偏好的视角研究机构投资者与股价同步性的关系。例如，Sun（2008）应用聚类分析方法将美国机构投资者的持股进行分类，发现同一类中的股票在成交量、收益率和流动性方面存在过度联动现象。[184] Kumar 等（2010）指出，偏好相同的个人投资者增加了股价同步性，而作为信息交易者的机构投资者起到了降低股价同步性的作用。[23]

国内的研究大多支持机构投资者持股，提高了股价的信息含量，降低了股价波动的同步性程度（侯宇、叶冬艳，2008；尹雷，2010；杨竹清，2012；游家兴、汪立琴，2012）。[180~182, 14] 与上述结论不同，饶育蕾等（2013）分析了 QFII 持股对股价同步性的影响，指出 QFII 的长期投资降低了股价同步性，而短期投机提高了股价波动的同步性程度。[183] 秉承价值投资理念的 QFII 尚且存在投机行为，其行为有提高同步性的一面，如果我国机构投资者存在博彩偏好，则这种博彩偏好很有可能会提高股价波动的同步性。鉴于此，本章提出第三条研究假设：

H3：机构投资者的博彩偏好会提高股价波动的同步性。

第二节　机构投资者的持股偏好对股价同步性影响的实证分析

一、持股偏好的股价同步性模型

对于机构投资者持股的股票，本章借鉴 Pirinsky 和 Wang（2004）、Cheng（2011）的方法,[22, 122] 建立如下的回归模型以考察机构投资者的持股偏好对股价同步性的影响：

$$R_{i, t} = \alpha_i + \beta_i^H R_{H, t} + \beta_i^L R_{L, t} + \varepsilon_{i, t} \qquad (6-1)$$

其中，$R_{i, t}$ 表示个股 i 第 t 日的收益率，$R_{H, t}$、$R_{L, t}$ 分别表示机构投资者持股比例高、低组合的收益率指数。为了构建收益率指数，本章按季度把机构投资者的持股分成高、低两组，并分别计算各组的算术平均收益率指数和加权平均收益率指数。加权平均收益率指数的度量方法为：

$$R_{I, t} = \frac{\sum_{j \in I} W_{j, t} R_{j, t}}{\sum_{j \in I} W_{j, t}} \qquad (6-2)$$

其中，$W_{j, t}$ 表示股票 j 在高或低持股组合 I 中的权重，用 A 股的流通市值来度量。

借鉴 Barberis 等（2005）的用法,[18] 采用模型（6-1）的回归系数 β_i 作为个股与分组 I 之间的股价同步性度量。

二、实证结果与分析

本章采用的是与第五章同一批样本数据，即选取 2010 年 1 月 1 日至 2012 年 12 月 31 日的沪深股市数据，共涉及股票 804 只。其中机构投资者平均持股为 44.387%，最小持股 19.9%，而最大值为 95.911%（见表 4-5）。

机构投资者持股按季度分组，然后以季度为时间窗口用最小二乘法回归模型（6-1）以取得 β_i^H 和 β_i^L 的值。用 β_{EW}^H、β_{EW}^L 分别表示算术平均收益率指数的高、低组合的贝塔系数，β_{VW}^H、β_{VW}^L 分别表示加权平均收益率指数的高、低组合的贝塔系数。依据机构投资者持股比例数据分为低、中、高三组，模型（6-1）的回归结果如表 6-1 所示。

表 6-1　机构投资者持股与股价同步性

机构持股	β_{EW}^L	β_{EW}^H	β_{VW}^L	β_{VW}^H
低	1.080	−0.080	0.398	0.747
中	0.610	0.398	0.297	0.841
高	−0.191	1.183	−0.116	1.139
高—低	−1.270***	1.263***	−0.514***	0.392***
样本数	8952	8952	8952	8952

注：*** 表示 1% 水平下显著。

从表 6-1 的回归结果可知，回归模型中，无论是采用算术平均还是采用加权平均计算的分组收益率指数，机构投资者持股高的个股与高持股组合的股价同步性比低持股组合的股价同步性更高。与此类似，机构投资者持股低的个股与低持股组合的股价同步性比高持股组合的股价同步性更高，并且高组与低组的差值都在 1% 水平下显著，这与 Pirinsky 和 Wang（2004）、Cheng（2011）的实证结果是一致的，H1 获得支持。[22, 122]

更为奇特的是，机构投资者持股高的个股与低持股组合的股价同步性都显著为负，Pirinsky 和 Wang（2004）指出这显然与基于信息观点的股价同步性理论不相符。[22] 如果机构投资者比个人投资者更多地基于宏观经济信息进行交易，则机构投资者持股高的个股与低持股组合的股价同步性在方向上应该为正，因为机构投资者持股低的个股也会或多或少地受到这些宏观经济信息的影响，这种现象也进一步证实了机构投资者的持股偏好会显著影响股价同步性的结论。

第三节　机构投资者的博彩偏好对股价同步性影响的实证分析

一、彩票类股票交易行为的趋同度模型

同质化造成了基金投资策略趋同，仓位相似，重仓股集中，这也成为了基金行业的一大困境。再看同一个基金公司的产品，可以发现，几乎全部的股票型基金的仓位、资产配置、重仓股都很相似。[①] 为了度量具有相同偏好的机构投资者交易行为的趋同程度，本章建立如下的回归模型：

$$IMB_{it} = \beta_0 + \beta_1 PortIMB_{pt} + \varepsilon_{it} \tag{6-3}$$

其中，IMB_{it} 表示 t 期股票 i 的净买率，$PortIMB_{pt}$ 表示 t 期分类组合 p 的平均净买率，采用按市值加权平均计算，其计算方法为：

$$PortIMB_{pt} = \frac{\sum_{j \in p} w_{j,t} IMB_{j,t}}{\sum_{j \in p} w_{j,t}} \tag{6-4}$$

其中，$w_{j,t}$ 表示股票 j 在分类组合 p 中的权重，用 A 股流通市值来

---

① 经济观察网. 除了名字，什么都一样 [DB/OL]. 2009-07-31，http://www.eeo.com.cn/eeo/jjgcb/2009/08/03/146366.shtml.

度量。①

分类组合 p 指低股价、高特质波动率和高特质偏度三类股票组合，每季末把全体样本按平均股价排序，低股价组合包含所有 30% 的低价格股票。与之相似，高特质波动率和高特质偏度组合则分别包含当季所有 30% 的高特质波动率、高特质偏度的股票。

式（6-3）的回归系数 β_1 反映了股票 i 与同类偏好组合 p 之间交易的趋同性，即 β_1 能度量持有股票 i 的投资者的交易行为与持有偏好组合 p 的投资者平均交易行为之间的趋同性，本章把这种趋同性称为偏好趋同度，记为 Cor2。

二、彩票类股票的股价同步性模型

为了计算个股与分类组合 p 之间的股价同步性，本章建立如下的回归模型：

$$R_{i,t} = \alpha_0 + \beta_1 PortIdx_{p,t} + \beta_2 R_{m,t} + \varepsilon_{i,t} \qquad (6-5)$$

其中，$R_{i,t}$ 和 $R_{m,t}$ 分别表示个股和市场的收益率，$PortIdx_{p,t}$ 是分类组合 p 的收益率指数，采用算术平均和市值加权平均两种计算方法。比如，为了计算低股价组合的股价同步性，先构建包含所有 30% 的低价格股票的收益率指数（PortIdx），然后运用该模型回归。同理，计算高特质波动率、高特质偏度股票组合的同步性也采用类似的方法。②

借鉴 Barberis 等（2005），[18] 本章采用模型（6-5）的回归系数 β_1 作为个股与分类组合 p 之间的股价同步性度量。

---

① 同样数量的资金流入不同市值的股票，其对股票收益率的影响会存在很大的差异。
② 回归之前，分别建立包含所有 30% 高特质波动率、高特质偏度股票的收益率指数。

三、实证结果与分析

1. 研究思路

借鉴 Kumar（2009）的用法，[15] 采用低股价、高特质波动率和高特质偏度三个指标刻画股票的彩票特性，研究总体上分两步：首先，分析机构投资者是否存在显著的追逐低股价、高特质波动率和高特质偏度股票的博彩偏好。其次，分析这种博彩偏好是否会提高股价波动的同步性。以低股价分组为例，具体步骤为：第一步，用最小二乘法回归模型（6-3）和模型（6-5），以取得所有样本股票的偏好趋同度（Cor2）和股价同步性数据（β_1）；第二步，按价格排序把所有样本平均分为五组，计算每组净买率/偏好趋同度的均值，再分析每组价格与净买率/偏好趋同度之间的关系。最后，按净买率/偏好趋同度排序把所有样本平均分为五组，计算每组股价同步性的均值并分析净买率/偏好趋同度与股价同步性之间的关系。

2. 数据描述性统计

考虑到既要保证 β_1 的稳定、可靠，又要取得足够多的信息，每季大约有 66 个交易日，因此仍然以季度作为回归窗口。回归时采用每日成交数据，每季回归一次，每个变量最终取得每只股票 153 周的样本数据。模型中主要变量的描述性统计如表 6-2 所示。

表 6-2 主要变量描述

分组	变量	含义	平均值	中位数	标准差	最小值	最大值
低股价	PortIMB	加权平均净买率	-3.308	-3.682	5.306	-20.215	13.689
	Cor2	偏好趋同度	0.460	0.421	0.422	-1.175	2.551
	PortIdx	加权收益率指数	-0.049	-0.050	1.395	-5.769	5.159
	β_1	股价同步性	0.929	0.986	1.100	-5.327	8.092

续表

分组	变量	含义	平均值	中位数	标准差	最小值	最大值
高特质波动率	PortIMB	加权平均净买率	-3.238	-3.403	0.248	-14.366	8.842
	Cor2	偏好趋同度	0.673	0.639	0.496	-2.254	3.065
	PortIdx	加权收益率指数	0.092	0.131	1.930	-6.744	7.521
	β_1	股价同步性	0.711	0.688	0.553	-1.418	3.633
高特质偏度	PortIMB	加权平均净买率	-2.968	-3.068	4.465	-14.366	13.470
	Cor2	偏好趋同度	0.526	0.483	0.449	-1.611	2.859
	PortIdx	加权收益率指数	0.0718	0.023	1.470	-5.446	6.023
	β_1	股价同步性	0.804	0.844	0.869	-6.985	6.113

注：表中只列出了各组的加权收益率指数 PortIdx 的描述性统计。

表 6-2 报告了主要变量的描述性统计结果。三组加权平均净买率（PortIMB）的均值和中位数的数值都差别不大，且都为负，说明机构投资者以减仓为主基调，这与样本期间我国股市单边震荡下行的状况是一致的。三组加权收益率指数（PortIdx）中，高特质波动率组的最小值为三组最小值中的最小值，最大值为三组最大值中的最大值，平均值和中位数在高特质偏度组中都为正，这些特征与每组的样本特性有关。三组偏好趋同度（Cor2）和股价同步性（β_1）的均值和中位数均为正，或许两者存在某种正相关关系，下文将进行深入研究。

3. 博彩偏好分析

把机构投资者净买率按价格、特质波动率和特质偏度从小到大平均分成五组，然后计算每组的平均值。具体计算结果如表 6-3 所示。

表 6-3　按价格、特质波动率和特质偏度大小分组的
机构投资者净买率情况

股票特性	五组净买率					
	Low	Q2	Q3	Q4	High	High-Low
价格	-3.311	-3.145	-3.201	-3.074	-2.744	0.568 ***
特质波动率	-2.987	-3.044	-3.078	-3.228	-2.994	-0.007
特质偏度	-3.190	-3.192	-3.076	-2.920	-2.952	0.238 ***

注：样本期间，股指一路震荡下行，机构投资者以卖出为主，因此表中的平均净买率都为负；*** 表示1%水平下显著。

从表 6-3 可知，价格越低，机构投资者净买率的绝对值越大，即机构投资者交易的密度越大，且最高分组与最低分组的差值显著大于 0，表明机构投资者有追逐低价股的偏好。但从股价特质波动率来看，平均净买率并没有表现出任何规律，最高分组与最低分组的差值也不显著，而股价特质偏度与价格组的情形完全相反。因此，从净买率的角度，机构投资者存在较明显的交易低价股票的倾向。

进一步地，分低股价、高特质波动率和高特质偏度三组回归模型（6-3）后，把取得的机构投资者偏好趋同度（Cor2）按价格、特质波动率和特质偏度从小到大平均分成五组，然后计算每组的均值。具体计算结果如表 6-4 所示。

表 6-4　按价格、特质波动率和特质偏度大小分组的
机构投资者偏好趋同度情况

股票特性	五组偏好趋同度					
	Low	Q2	Q3	Q4	High	High-Low
价格	0.578	0.474	0.458	0.420	0.369	-0.209 ***
特质波动率	0.629	0.632	0.682	0.717	0.704	0.075 ***
特质偏度	0.467	0.509	0.545	0.550	0.561	0.094 ***

注：*** 表示1%水平下显著。

表 6-4 中所有偏好趋同度的值都为正，总体上来看，股票价格越低、特质波动率和特质偏度越高其相应的偏好趋同度越大，且最高分组与最低分组的差值均显著。这说明我国机构投资者存在显著的追逐低股价、高特质波动率和高特质偏度股票的博彩偏好，H2 获得支持。

4. 博彩偏好对股价同步性影响分析

（1）低价格组合。同样数量的资金流入不同市值的股票，其对股票收益率的影响会存在很大的差异。如果分组组合 p 的平均净买率（IMB_{pt}）是按市值加权计算的，其相应的收益率指数（$PortIdx_{p,t}$）也应采用按市值加权计算。因此，下文如没有特别声明，都只分析收益率指数按加权计算的股价同步性。为了研究的完整性，同时也列出了算术平均的数据。

表 6-5　按 IMB 和 Cor2 排序的低价股组合的股价同步性情况

排序变量		五组股价同步性					
		Low	Q2	Q3	Q4	High	High-Low
IMB	平均	0.867	0.954	1.016	0.993	0.870	0.002
	加权	0.910	0.932	1.040	0.981	0.997	0.087***
Cor2	平均	0.973	1.022	1.045	0.973	0.688	−0.285***
	加权	0.650	0.870	0.993	1.076	1.058	0.407***

注：*** 表示 1%水平下显著。

从表 6-5 可知，按加权计算的 IMB 和 Cor2 排序，低价股组合的股价同步性随着 IMB 和 Cor2 的增大而增大，并且最高组与最低组的差值都是显著的，说明机构投资者追逐低价股的投机偏好显著地增加了股价波动的同步性。

（2）高波动率组合。从表 6-6 可以看出，按加权计算的 IMB 和 Cor2 排序，高波动率组合前四组的股价同步性随着 IMB 和 Cor2 的增大而增大，但最高分组却突然大幅下降，其股价同步性甚至比最低组还要低。为了查找原因，下文进一步按年度细分进行分析。

表 6-6　按 IMB 和 Cor2 排序的高特质波动率组合的股价同步性情况

排序变量		五组股价同步性					
		Low	Q2	Q3	Q4	High	High-Low
IMB	平均	0.646	0.730	0.791	0.770	0.660	0.014
	加权	0.662	0.731	0.773	0.745	0.646	−0.016
Cor2	平均	0.736	0.802	0.789	0.755	0.514	−0.222***
	加权	0.664	0.740	0.761	0.767	0.625	−0.039**

注：***、** 分别表示 1%、5% 水平下显著。

从表 6-7 可知，从按加权计算的 IMB 来看，2010 年随着特质波动率的升高其绝对值呈下降趋势，且最高分组与最低分组的差值是显著的。但 2011 年、2012 年情况大幅改善，与 2010 年的情形正好相反，IMB 的绝对值随着波动率的升高而升高，最高分组与最低分组的差值 2011 年显著，2012 年不显著。从按加权计算的 Cor2 来看，总体上，其值随着波动率的升高而升高，最高分组与最低分组的差值都是显著的。

表 6-7　按特质波动率大小分组的 IMB 和 Cor2 情况（明细）

变量		五组净买率、偏好趋同度					
		Low	Q2	Q3	Q4	High	High-Low
IMB	2010 年	−3.448	−3.198	−3.238	−3.310	−2.981	0.467***
	2011 年	−3.022	−3.393	−3.475	−3.659	−3.373	−0.351***
	2012 年	−2.489	−2.539	−2.521	−2.715	−2.628	−0.139
Cor2	2010 年	0.612	0.582	0.674	0.687	0.710	0.098***
	2011 年	0.651	0.699	0.731	0.736	0.724	0.073***
	2012 年	0.625	0.615	0.642	0.729	0.678	0.052*

注：***、* 分别表示 1%、10% 水平下显著。

从表6-8来看，按加权计算的 IMB 排序的股价同步性随着 IMB 的升高而升高。但是按加权计算的 Cor2 排序的前四组股价同步性随着 Cor2 的增大而增大，最高分组却突然大幅下降，股价同步性比最低组还小很多，其程度比三年总体样本计算的结果还严重，请参看表6-6。

表6-8　按 IMB 和 Cor2 排序的高特质波动率组合的
股价同步性情况（2010 年）

排序变量		五组股价同步性					
		Low	Q2	Q3	Q4	High	High-Low
IMB	平均	0.647	0.759	0.849	0.833	0.798	0.152 ***
	加权	0.652	0.741	0.827	0.829	0.802	0.151 ***
Cor2	平均	0.872	0.875	0.846	0.802	0.490	-0.382 ***
	加权	0.803	0.820	0.818	0.811	0.600	-0.203 ***

注：*** 表示1%水平下显著。

进一步分析 2011 年的情况，从表6-9可知，按加权计算的 IMB 排序分组的股价同步性呈现先高后低的倒 "U" 形，但最高组比最低组的值还要小。按加权计算的 Cor2 排序的前四组股价同步性随着 Cor2 的增大而增大，尽管最高组比第四组小，最高分组与最低分组的差值是正的，但不显著。

表6-9　按 IMB 和 Cor2 排序的高特质波动率组合的
股价同步性情况（2011 年）

排序变量		五组股价同步性					
		Low	Q2	Q3	Q4	High	High-Low
IMB	平均	0.630	0.710	0.743	0.724	0.558	-0.073 ***
	加权	0.637	0.691	0.723	0.669	0.534	-0.103 ***

排序变量		五组股价同步性					
		Low	Q2	Q3	Q4	High	High-Low
Cor2	平均	0.654	0.750	0.722	0.742	0.498	-0.156***
	加权	0.570	0.676	0.680	0.741	0.587	0.017

注：*** 表示1%水平下显著。

从表6-10可以看出，按加权计算的IMB排序分组的股价同步性情况与2011年是一致的，但按加权计算的Cor2排序的五组股价同步性随着Cor2的增大而增大，尽管最高组比第四组小，但最高分组与最低分组的差值为正且显著。

表6-10　按IMB和Cor2排序的高特质波动率组合的
股价同步性情况（2012年）

排序变量		五组股价同步性					
		Low	Q2	Q3	Q4	High	High-Low
IMB	平均	0.659	0.720	0.782	0.752	0.623	-0.036
	加权	0.696	0.760	0.770	0.737	0.602	-0.094***
Cor2	平均	0.682	0.782	0.798	0.720	0.555	-0.127***
	加权	0.618	0.725	0.787	0.749	0.687	0.068**

注：*** 、** 分别表示1%、5%水平下显著。

从表6-8至表6-10综合来看，尽管按加权计算的IMB排序分组的股价同步性规律不明显，但按加权计算的Cor2排序的股价同步性2010～2012年三年的最高组比Q4组都有所下降，但下降的幅度逐渐趋缓。再从最高组与最低组的差值来看，2010年显著为负，2011年变为正但不显著，2012年则显著为正。因此，整体来看，高波动率组的股价同步性也存在随着Cor2增大而增大的现象。

（3）高特质偏度组合。从表 6-11 可知，按加权计算的 IMB 和 Cor2 排序的股价同步性随着 IMB 和 Cor2 的增大而增大，并且最高分组与最低分组的差值都是显著的，说明机构投资者追逐高特质偏度的投机偏好显著地增加了股价同步性。

表 6-11　按 IMB 和 Cor2 排序的高特质偏度组合的股价同步性情况

排序变量		五组股价同步性					
		Low	Q2	Q3	Q4	High	High-Low
IMB	平均	0.888	0.979	1.030	1.017	0.925	0.367 *
	加权	0.764	0.792	0.823	0.829	0.811	0.047 *
Cor2	平均	1.019	1.076	1.033	1.006	0.706	-0.313 ***
	加权	0.728	0.801	0.823	0.872	0.796	0.067 ***

注：***、* 分别表示 1%、10%水平下显著。

综上所述，机构投资者追逐低价格、高特质波动率和高特质偏度股票的博彩偏好会提高股价波动的同步性程度，支持 H3。

本章小结

本章采用偏好聚类方法对中国证券市场的面板数据分组，实证分析和检验了机构投资者持股比例的高低和彩票类股票交易行为与股价同步性的关系，从机构投资者的层面，验证了行为金融视角下的偏好形成股价同步性假说。本章首先构建机构投资者持股比例高、低组合模型，再分别对机构投资者持股比例分高、中、低三组进行实证考察；其次，借鉴 Kumar（2009）提出的低股价、高特质波动率和高特质偏度识别股票的彩票特性，分组考察机构投资者是否存在显著的博彩偏好及博彩偏好对股价同步性的影响。[15] 基于实证结果，得出结论如下：

（1）机构投资者持股偏好会导致股价波动的同步性现象；

（2）我国机构投资者存在明显的博彩偏好；

（3）机构投资者的博彩偏好会提高股价波动的同步性程度。

实证结果显示：我国机构投资者的博彩偏好比较严重，其博彩偏好提高了我国股票市场的同涨同跌状况。这一结论与 Kumar 等（2010）分析美国的机构投资者的作用完全相反，[23] 但与饶育蕾等（2013）分析我国 QFII 的投机行为对股价同步性影响的结论是一致的。[183] 实证结果也表明，机构投资者持股偏好会导致股价波动的同步性现象。由此可知，机构投资者的偏好投资行为对股价同步性会产生显著的影响。因此，在大力发展机构投资者队伍的同时，除了注意培育不同投资风格和投资理念的机构投资者、引导机构投资者进行价值投资、理性投资外，还应建立健全股市价值估值体系，积极引导长期资本入市，加强金融衍生产品的创新力度，为机构投资者的发展营造良好的市场环境。

第七章
机构投资者的非独立策略与股价同步性

非独立策略指的是投资者主观上其投资决策可能是独立做出的，甚至是理性分析的结果，客观上却与其他投资者趋同的策略。由于投资者非独立投资策略的存在，导致市场的非理性现象不能相互抵消。本章拟构建检验机构投资者羊群行为的 CCK 扩展模型、资金—收益驱动模型和收益—资金诱导模型的正反馈交易行为的组合模型，并利用中国市场数据验证这两个模型的应用，最后分析机构投资者非独立策略（羊群行为、正反馈交易）对股价同步性的影响作用。

第一节　机构投资者羊群行为的 CCK 扩展模型

羊群行为的研究一直是投资者交易行为分析的焦点。其重要性在于投资者由于信息不充分或非理性而跟随其他投资者盲目购入或抛售股票，往往容易形成投资决策的趋同化，其结果是驱动股价远离其基本价值（Tseng，2010）。[206]

一、理论推导

1. 横截面机构持仓变动绝对偏离度的定义

假设市场中有 N 只股票，借鉴 Chang 等（2000）对 CSAD 的定义,[16] 本节定义横截面机构持仓变动绝对偏离度为：

$$xHoldCSAD_t = \frac{1}{N} \sum_{i=1}^{N} |xHold_{i,t} - xHold_{m,t}| \tag{7-1}$$

其中，$xHold_{i,t}$ 和 $xHold_{m,t}$ 分别表示交易日 t 股票 i 和市场中所有股票的机构持仓变动和机构总持仓变动。由式（7-1）可知，当金融市场确实存在羊群行为时，大多数机构投资者的看法将趋向于市场舆论，往往容易形成持仓变动的趋同化，这时一个合理的推断是：当存在显著的羊群行为时，机构投资者的个股持仓变动将不会太偏离市场组合的机构总持仓变动，横截面机构持仓变动绝对偏离度应该变小。因此，横截面机构持仓变动绝对偏离度可以灵敏地捕捉到机构投资者的趋同行为（梅国平、胡才泓，2014）。[207]

2. 横截面机构持仓变动绝对偏离度与机构总持仓变动关系的推导

国内外研究表明，机构投资者持股变动与股票当期收益存在正相关关系。例如，在美国市场，Wermers（1999）、Bennett 等（2003）发现机构投资者季度持股变动与当季收益率显著的正相关。[145, 208] 国内学者余佩琨等（2009）、陈国进等（2010）利用 Topview 数据对我国机构投资者的日持仓变动与股票收益率的关系进行分析，发现它们之间存在很强的正相关关系。[209~210] 岳意定和周可峰（2009）进一步发现，机构投资者持股比率的波动对上证指数波动有显著的影响，是导致上证指数波动最为主要的原因。[211]

根据机构持仓变动与股票收益率之间的关系，建立两个一般的回归模型：

$$R_{i,t} = \gamma_{i,0} + \gamma_{i,1} xHold_{i,t} + \sum_{j=2}^{S} \gamma_{i,t}^{j} K_{i,t}^{j} + \mu_{i,t} \tag{7-2}$$

$$R_{m,t} = \gamma_{m,0} + \gamma_{m,1} xHold_{m,t} + \sum_{j=2}^{S} \gamma_{m,t}^{j} K_{m,t}^{j} + \mu_{m,t} \tag{7-3}$$

其中，$R_{i,t}$ 和 $R_{m,t}$ 分别表示在交易日 t 股票 i 和市场组合收益率，$xHold_{i,t}$ 和 $xHold_{m,t}$ 分别表示交易日 t 股票 i 和市场中所有股票的机构持仓变动和机构总持仓变动，$K_{i,t}^{j}$ 和 $K_{m,t}^{j}$（$j=2，\cdots，S$）分别表示控制变量。假设 $E(\mu_{i,t}) = E(\mu_{m,t}) = 0$，$E(\cdot)$ 表示数学期望。

借鉴 Chang 等（2000）、孙培源和施东辉（2002）的分析思路，[16~17] 下文推导 $xHoldCSAD_t$ 与 $xHold_{m,t}$ 之间的关系。根据 1964 年 Sharp 提出的资本资产定价模型（CAPM）：

$$E_t(R_{i,t}) = \gamma_f + \beta_i [E_t(R_{m,t}) - \gamma_f] \tag{7-4}$$

其中，γ_f 为无风险利率，β_i 为衡量股票 i 系统风险的贝塔系数。式（7-4）进行变形后得：

$$E_t(R_{i,t}) - E_t(R_{m,t}) = (\beta_i - 1)[E_t(R_{m,t}) - \gamma_f] \tag{7-5}$$

再把式（7-2）和式（7-3）代入式（7-5）：

$$左边 = E_t(\gamma_{i,0} + \gamma_{i,1} xHold_{i,t} + \sum_{j=2}^{S} \gamma_{i,t}^{j} K_{i,t}^{j} + \mu_{i,t}) -$$

$$E_t(\gamma_{m,0} + \gamma_{m,1} xHold_{m,t} + \sum_{j=2}^{S} \gamma_{m,t}^{j} K_{m,t}^{j} + \mu_{m,t})$$

$$= \gamma_{i,0} + \gamma_{i,1} E_t(xHold_{i,t}) + E_t(\sum_{j=2}^{S} \gamma_{i,t}^{j} K_{i,t}^{j}) -$$

$$\gamma_{m,0} - \gamma_{m,1} E_t(xHold_{m,t}) - E_t(\sum_{j=2}^{S} \gamma_{m,t}^{j} K_{m,t}^{j})$$

$$= \gamma_{i,1}[E_t(xHold_{i,t}) - E_t(xHold_{m,t})] + \gamma_{i,0} - \gamma_{m,0} +$$

$$(\gamma_{i,1} - \gamma_{m,1}) E_t(xHold_{m,t}) + E_t(\sum_{j=2}^{S} \gamma_{i,t}^{j} K_{i,t}^{j}) -$$

$$E_t(\sum_{j=2}^{S} \gamma_{m,t}^{j} K_{m,t}^{j}) \tag{7-6}$$

$$右边 = (\beta_i - 1)[E_t(\gamma_{m,0} + \gamma_{m,1}xHold_{m,t} + \sum_{j=2}^{S}\gamma_{m,t}^{j}K_{m,t}^{j} + \mu_{m,t}) - \gamma_f]$$

$$= (\beta_i - 1)[\gamma_{m,0} + \gamma_{m,1}E_t(xHold_{m,t}) + E_t(\sum_{j=2}^{S}\gamma_{m,t}^{j}K_{m,t}^{j}) - \gamma_f]$$

$$(7-7)$$

于是，式（7-6）、式（7-7）两边移项整理，取绝对值并加总求和得：

$$\frac{1}{N}\sum_{i=1}^{N}|E_t(xHold_{i,t}) - E_t(xHold_{m,t})| = E(xHoldCSAD_t) = \frac{1}{N}\sum_{i=1}^{N}|W|$$

$$(7-8)$$

其中，

$$W = \frac{\gamma_{m,0} - \gamma_{i,0} + (\gamma_{m,1} - \gamma_{i,1})E_t(xHold_{m,t}) + E_t(\sum_{j=2}^{S}\gamma_{m,t}^{j}K_{m,t}^{j}) - E_t(\sum_{j=2}^{S}\gamma_{i,t}^{j}K_{i,t}^{j})}{\gamma_{i,1}} +$$

$$\frac{(\beta_i - 1)[\gamma_{m,0} + \gamma_{m,1}E_t(xHold_{m,t}) + E_t(\sum_{j=2}^{S}\gamma_{m,t}^{j}K_{m,t}^{j}) - \gamma_f]}{\gamma_{i,1}}$$

$$(7-9)$$

对式（7-8）和式（7-9）分别求取 $E_t(xHold_{m,t})$ 的一阶和二阶偏导数：

$$\frac{\partial E(xHoldCSAD_t)}{\partial E_t(xHold_{m,t})} = \begin{cases} +\frac{1}{N}\sum_{i=1}^{N}(\frac{\gamma_{m,1}}{\gamma_{i,1}}\beta_i - 1) \neq 0 & W > 0 \\ -\frac{1}{N}\sum_{i=1}^{N}(\frac{\gamma_{m,1}}{\gamma_{i,1}}\beta_i - 1) \neq 0 & W < 0 \end{cases}$$

$$(7-10)$$

$$\frac{\partial^2 E(xHoldCSAD_t)}{\partial E_t(xHold_{m,t})^2} = 0$$

$$(7-11)$$

显然，当机构投资者完全理性时，横截面机构持仓变动绝对偏离度（xHoldCSAD$_t$）与机构总持仓变动（xHold$_{m,t}$）之间应为线性关系。

然而，由于信息不充分或非理性而存在显著的羊群行为时，大多数的机构投资者的看法将趋向于市场舆论，就会发生机构投资者同时进行买入或者卖出的投资行为，具体表现为持仓变动的一致性。此时，横截面机构持仓变动绝对偏离度与机构总持仓变动之间的线性关系不再成立，而呈非线性关系。

二、模型的设定

因此，根据以上分析，建立如下回归模型：

$$xHoldCSAD_t = \gamma_0 + \gamma_1 |xHold_{m,t}| + \gamma_2 xHold_{m,t}^2 + \varepsilon_t \qquad (7-12)$$

考虑到机构投资者增、减仓时羊群行为的程度可能会不对称，本节再分别对机构投资者增仓和减仓行为进行研究，即分别对下面两个模型进行回归分析：

$$xHoldCSAD_t^{in} = \gamma_0^{in} + \gamma_1^{in} |xHold_{m,t}^{in}| + \gamma_2^{in} (xHold_{m,t}^{in})^2 + \varepsilon_t,$$

$$\text{if } xHold_{m,t} \geqslant 0 \qquad (7-13)$$

$$xHoldCSAD_t^{ou} = \gamma_0^{ou} + \gamma_1^{ou} |xHold_{m,t}^{ou}| + \gamma_2^{ou} (xHold_{m,t}^{ou})^2 + \varepsilon_t,$$

$$\text{if } xHold_{m,t} < 0 \qquad (7-14)$$

其中，$xHoldCSAD_t^{in}$ 和 $|xHold_{m,t}^{in}|$ 分别为机构投资者总持仓增加时横截面持仓变动绝对偏离度和总持仓变动的绝对值，而 $xHoldCSAD_t^{ou}$ 和 $|xHold_{m,t}^{ou}|$ 为总持仓减少时横截面持仓变动绝对偏离度和总持仓变动的绝对值。如果机构投资者集中调仓换股确实存在羊群行为，则 $xHoldCSAD_t$ 将随 $xHold_{m,t}$ 的增加而减少。因此，当式（7-12）、式（7-13）和式（7-14）中的回归系数 γ_2 显著为负时，可认为机构投资者存在羊群行为。

由以上分析表明，式（7-12）、式（7-13）和式（7-14）是对 CCK 模型的扩展，从而突破了经典的 CCK 模型不能检测机构投资者羊群行为的局限性。

三、变量与数据

机构每日持仓变动对每一个机构投资者来说都是高度机密的事情，外人是不可能准确知道的。本节通过 Wind 资讯提供的资金净流入额除以该股票的流通市值作为其代理变量，即 i 股票 t 日的机构持仓变动（$\text{xHold}_{i,t}$）= i 股票 t 日的资金净流入额/该股票 t 日的流通市值，而 t 日机构总持仓变动（$\text{xHold}_{m,t}$）= t 日市场总的资金净流入额/t 日市场流通总市值。

本章选取 2010 年 4 月 16 日至 2012 年 9 月 28 日股指期货上市以来的中国上海和深圳 A 股市场的数据，为了保证数据的有效性，当天停牌和新股上市日的股票予以剔除。另外，考虑到沪、深股市尚没有统一的市场指数，同时也为了参照对比，本节对两个市场分别进行分析。本节所有的数据均来源于 Wind 资讯数据库，采用 Excel 和 Eviews 6.0 统计软件。上海、深圳两市相关数据的描述性统计如表 7-1 和表 7-2 所示。

表 7-1　上海 A 股市场数据描述

变量	xHoldCSAD_t	$\mid\text{xHold}_{m,t}\mid$	$\text{xHold}^2_{m,t}$	CSAD_t	$\mid R_{m,t}\mid$	$R^2_{m,t}$
最小值	0.0617	0.0000	0.0000	0.9018	0.0013	0.0000
均值	0.1528	0.0263	0.0012	1.4928	0.9263	1.5725
中位数	0.1445	0.0211	0.0004	1.3677	0.7243	0.5245
最大值	0.3523	0.2200	0.0484	3.9468	5.1564	26.5885
标准差	0.0556	0.0227	0.0029	0.4106	0.8460	2.9629

表 7-2　深圳 A 股市场数据描述

变量	$xHoldCSAD_t$	$|xHold_{m,t}|$	$xHold^2_{m,t}$	$CSAD_t$	$|R_{m,t}|$	$R^2_{m,t}$
最小值	0.1043	0.0002	0.0000	0.9127	0.0033	0.0000
均值	0.2502	0.0617	0.0067	1.6362	1.1684	2.4493
中位数	0.2306	0.0480	0.0023	1.5253	0.8674	0.7524
最大值	0.6185	0.4649	0.2161	4.037	7.0033	49.0462
标准差	0.0927	0.0535	0.0143	0.4717	1.0421	4.5601

从表 7-1 和表 7-2 可知，深圳 A 股市场收益率绝对值的平均值、最大值都相应地比上海 A 股市场大。因此，深圳 A 股市场波动更为激烈。同时，横截面机构持仓变动绝对偏离度和机构总持仓变动绝对值的平均值、最大值也相应地比上海 A 股市场大。但这两个变量的数值本身并不是衡量羊群行为的依据，它们之间的关系才是判断是否存在羊群行为的关键。

为了防止出现伪回归，本节对沪、深两市的所有相关变量进行了含有常数项和趋势项的 ADF 单位根检验，结果显示所有变量在 1% 显著性水平下都是平稳的。

四、实证结果与分析

为了检验横截面机构持仓变动绝对偏离度与机构总持仓变动之间的非线性关系，本节分别对式（7-12）、式（7-13）和式（7-14）进行回归，上海市场的结果如表 7-3 所示，深圳市场如表 7-4 所示。

表 7-3　上海 A 股市场的机构投资者羊群行为估计结果

变量	式（7-12）（全样本）	式（7-13）（in）	式（7-14）（ou）
γ_0	0.0226 *** (6.374)	0.0274 *** (2.833)	0.0290 *** (6.562)

续表

变量	式（7-12）（全样本）	式（7-13）（in）	式（7-14）（ou）
γ_1	0.4448*** (4.441)	0.9622** (2.183)	0.3666*** (2.759)
γ_2	1.073 (1.397)	0.4294 (0.063)	1.632* (1.775)
观测值	600	156	444
Adj. R-Sq	0.745	0.567	0.705

注：括号中为 t 值；***、** 和 * 分别表示 1%、5% 和 10% 水平下显著。

从表 7-3 可知，γ_1、γ_1^{in} 和 γ_1^{ou} 的回归系数均显著为正，表明横截面机构持仓变动绝对偏离度随机构总持仓变动幅度的增大而增大。而 γ_2、γ_2^{in}、γ_2^{ou} 也都为正，只有 γ_2^{ou} 是显著的。这意味着当机构总持仓变动的幅度逐渐增加时，横截面机构持仓变动绝对偏离度在以一个递增的速度增大。因此，上海市场的机构投资者并不存在羊群行为。

表 7-4　深圳 A 股市场的机构投资者羊群行为估计结果

变量	式（7-12）（全样本）	式（7-13）（in）	式（7-14）（ou）
γ_0	0.0572*** (8.186)	0.0735*** (3.927)	0.0624*** (7.670)
γ_1	0.3002*** (3.255)	0.3462 (0.766)	0.2853*** (2.642)
γ_2	0.3970 (1.175)	3.9383 (1.088)	0.4951 (1.321)
观测值	600	120	480
Adj. R-Sq	0.650	0.480	0.634

注：括号中为 t 值；*** 表示 1% 水平下显著。

从表 7-4 可以发现，各回归系数的检验结果与表 7-3 基本一致，表明深圳市场的机构投资者不存在羊群行为。

本节的检验结果与陈浩（2004）、祁斌等（2006）不同，后者使用 LSV 方法检验，认为我国证券投资基金羊群行为显著。[146~147] 为了考查检验结果的可信度，本节进一步用经典的 CCK 模型对样本期间整个市场的羊群行为进行分析。

Chang 等（2000）构建的交易日 t 横截面收益绝对偏离度为：[16]

$$CSAD_t = \frac{1}{N} \sum_{i=1}^{N} |R_{i,t} - R_{m,t}| \qquad (7-15)$$

与检测机构投资者羊群行为类似，本节也对全样本、市场上涨和下跌分别进行分析：

$$CSAD_t = \gamma_0 + \gamma_1 |R_{m,t}| + \gamma_2 R_{m,t}^2 + \varepsilon_t \qquad (7-16)$$

$$CSAD_t^{up} = \gamma_0^{up} + \gamma_1^{up} |R_{m,t}^{up}| + \gamma_2^{up} (R_{m,t}^{up})^2 + \varepsilon_t, \text{ if } R_{m,t} \geq 0 \qquad (7-17)$$

$$CSAD_t^{dn} = \gamma_0^{dn} + \gamma_1^{dn} |R_{m,t}^{dn}| + \gamma_2^{dn} (R_{m,t}^{dn})^2 + \varepsilon_t, \text{ if } R_{m,t} < 0 \qquad (7-18)$$

式（7-15）至式（7-18）中，$R_{i,t}$ 和 $R_{m,t}$ 的含义与前文是一样的，$CSAD_t^{up}$ 和 $R_{m,t}^{up}$ 分别表示市场上涨（$CSAD_t^{dn}$ 和 $R_{m,t}^{dn}$ 表示市场下跌）日的横截面收益绝对偏离度和市场收益率。

从表 7-5 可以发现，全样本和市场上涨时 γ_2 和 γ_2^{up} 的回归系数均显著为正，尽管下跌时 γ_2^{dn} 的回归系数为负，但并不显著。因此，上海 A 股市场不存在羊群行为。

表 7-5　上海 A 股市场羊群行为估计结果

变量	式（7-16）（全样本）	式（7-17）（up）	式（7-18）（dn）
γ_0	0.7166 *** （12.529）	0.6587 *** （8.914）	0.8021 *** （9.291）
γ_1	0.0378 （0.932）	-0.1547 ** （-2.417）	0.2404 *** （4.579）

续表

变量	式（7-16）（全样本）	式（7-17）（up）	式（7-18）（dn）
γ_2	0.0236** （2.037）	0.055** （2.569）	−0.0110 （−0.810）
观测值	600	293	307
Adj. R−Sq	0.299	0.327	0.318

注：括号中为 t 值；*** 、** 分别表示 1%、5%水平下显著。

从表 7-6 可知，各回归系数的检验结果与表 7-5 基本一致，显然深圳 A 股市场也不存在羊群行为。

表 7-6　深圳 A 股市场羊群行为估计结果

变量	式（7-16）（全样本）	式（7-17）（up）	式（7-18）（dn）
γ_0	0.9106*** （13.396）	0.9000*** （10.291）	0.9688*** （9.739）
γ_1	0.0110 （0.283）	−0.1764*** （−2.749）	0.1432*** （2.837）
γ_2	0.0154* （1.729）	0.0514*** （2.989）	−0.0001 （−0.0758）
观测值	600	282	318
Adj. R−Sq	0.208	0.209	0.222

注：括号中为 t 值；*** 、* 分别表示 1%、10%水平下显著。

本节的检验结果与孙培源和施东辉（2002）、Tan 等（2008）、Chiang 等（2010）不同，以上文献都发现中国的 A 股市场存在明显的羊群行为。[17, 151, 153] 但检验结果与傅亚平等（2012）、严武和王辉（2012）的检验结果是一致的，后者发现中国股市下跌阶段 2010 年 11 月 15 日到 2011 年 12 月 2 日（该区间是本样本区间的子区间）的中小板市场不存在羊群行为。[212~213] 由于中小板市场中的上市公司大多为科技含量更高的中小企业，存在更多的炒作概念，市场价格波动更为激烈，市场中的羊群行为也应更为显著，但没有证据显示在该下跌阶段存在羊群行为。因此，本节对沪、深两市没有检验出羊群行为的结果是可靠的。

上海、深圳 A 股市场都不存在羊群行为，从而两市的机构投资者不存在羊群行为的检测结果也是可信的。另外，与以前的研究不同，本节的采样区间为中国的股指期货上市之后，股指一路震荡下行，在现货市场限制做空的情况下，机构投资者可以利用股指期货套期保值，没有必要疯狂杀跌。因此，沪、深的机构投资者和两市都不存在羊群行为，可能这也是很重要的原因。

本节利用横截面机构持仓变动绝对偏离度的定义，将其作为衡量机构投资者决策一致性的度量。借助于资本资产定价模型（CAPM），证明了投资者都是在理性的情况下，横截面机构持仓变动绝对偏离度与机构总持仓变动之间存在线性关系。但当存在显著的羊群行为时，两者之间则表现为非线性关系，因此本节据此建立非线性模型考察机构投资者的羊群行为。该模型能够识别机构投资者的交易行为，是传统的 CCK 模型的扩展。扩展之后，该模型具有更广泛的适用范围，使得其可以进一步用于检测机构投资者的羊群行为，从而克服了传统的 CCK 模型不能用于检测机构投资者羊群行为的局限性。此外，本节在 Level-2 资金流向的基础上，引入了机构投资者日持仓变动的代理数据，利用该项数据检验该模型在中国上海和深圳 A 股市场的应用，并与传统模型相互印证，结果表明该模型是传统模型的合理扩展。

扩展之后的模型采用机构真实交易数据，而不是买卖双方的机构数量，并且模型可以采用每日交易的高频数据，不再需要考虑时间间隔的选择问题，从而弥补了 LSV 模型的诸多缺陷，也不失为一种很好的检测机构投资者羊群行为的方法。

第二节　机构投资者正反馈交易行为的
组合模型

在全球范围内，机构投资者在金融市场扮演着越来越重要的角色。机构投资者是不是"追涨杀跌"的正反馈交易（即动量交易）者？作为中国股市的中坚力量，机构投资者的交易行为及对资产价格的影响始终是市场关注的焦点。

一般的观点认为机构投资者是专业的投资者，拥有庞大的研究团队，相对个人投资者而言应该更加理性。但是，机构投资者面临着较大的竞争压力，容易导致短视行为（Scharfstein and Stein，1990）。[142]例如，如果某只基金连续半年或一年落后于其他基金或指数，基金经理就有被解雇的危险。因此，即使基金发现了某只未来上涨空间巨大的股票，但是这只股票在近期内不能上涨的话，基金就很有可能放弃这只股票，转而投资那些在短期内能够上涨的股票。一种典型的短视行为是"正反馈交易"或者叫"趋势追踪"，即追逐热点，买入表现强劲、上涨的股票，卖空表现欠佳、下跌的股票。

一、模型的设定

为了分析股指期货上市后将近两年的时间内基金整体所采取的交易策略，本节采用基金季度持股和日持仓变动数据考察基金是否执行了正反馈交易。模型 1 为资金—收益驱动模型，模型 2 为收益—资金诱导模型，模型 1 和模型 2 合起来称为正反馈交易模型。

模型 1：

$$AR_t = \gamma_0 + \gamma_1 Hratio_t + \gamma_2 Xhratio_t + \gamma_3 Size_t + r_4 To_t + \mu_t \quad (7-19)$$

模型2：

$$Xhratio_t = \gamma_0 + \gamma_1 Hratio_t + \gamma_2 AR_t(-1) + \gamma_3 Size_t + \gamma_4 To_t + \mu_t$$

$$(7-20)$$

模型1和模型2根据正反馈交易机制设计，用以检验基金是否在价格升高时买进，价格下跌时卖出，也就是通常所说的追涨杀跌。正反馈交易模型用以判别基金整体日持仓变动与同期以及上一期超额收益率之间是否存在显著的正相关关系，即当模型1的基金整体日持仓变动与超额收益率以及模型2的上一期超额收益率与基金整体日持仓变动之间都存在显著的正相关关系时，三者之间便形成正反馈交易链，从而形成资金推动的显著赚钱效应，如图7-1所示。此时，足以认为基金采取了正反馈交易策略（梅国平等，2013）。[168]

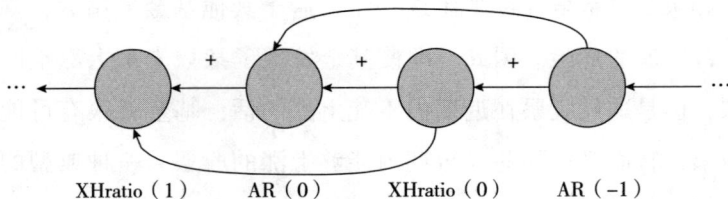

图7-1　正反馈交易链

二、变量与数据

1. 关键变量

本节通过Wind资讯提供的资金净流入额除以该股票的A股流通市值作为基金日持仓变动的代理数据，即基金日持仓变动（XHratio）= 当日该股票的资金净流入额/该股票流通市值。① 基金持股比例（Hratio），依据基金季报，其计算公式为季末所有基金持有该股票股份总数/季末流通总股数。另外，基金总持股比例和基金整体日持仓变动分别为全部基金重仓股的相应数据加总求和得到。超额收益率（AR），本节采用市场调整超额收益法，即当日实际收益率减去沪市流通市值加权收益率。这样不但简洁，而且含义明确。当超额收益率大于零时，表示跑赢大盘；当小于零时，意味着跑输大盘。

2. 控制变量

根据已有的相关研究并参考 Dennis 和 Strickland（2002）、姚颐和刘志远（2008），选用换手率（To）作为流动性的代理指标。[214~215]

本节选取中国股指期货上市以后，2010 年 4 月 16 日至 2012 年 3 月 30 日的所有开放式、封闭式基金的前十大重仓股作为样本，并剔除上市不满一年的个股，共涉及基金重仓股 873 只。本节所有的数据均来源于 Wind 资讯数据库，采用 Excel 和 Eviews 6.0 统计软件。

三、实证结果与分析

为了防止出现伪回归，本节对模型中的所有相关变量进行了含有常数项和趋势项的 ADF 单位根检验，结果显示所有变量在 5% 显著性水平下都是平稳的。

正反馈交易模型的回归结果如表 7-7 所示。从表 7-7 可知，模型 1 的基金整体日持仓变动与超额收益率以及模型 2 的上一期超额收益率与基金整体日持仓变动之间都存在显著的正相关关系。根据上文模型

---

① 网易财经 2010 年 12 月 29 日披露，证监会基金部副主任洪磊在和讯网举办的"第三届中国基金业高峰论坛"上表示，目前基金的持股市值占总市值的 7%，基金持有市值超过市场上所有机构投资者的一半，为中国最大的机构投资者。本书以所有开放式、封闭式前十大重仓股作为研究对象，证券投资基金对其重仓股有绝对的话语权。

设定中的分析，表明在股指期货上市后，在全样本区间内，平均而言，我国证券投资基金在整体上采取了正反馈交易策略。

表 7-7　正反馈交易模型的估计结果

变量	模型 1（AR）		变量	模型 2（XHratio）	
	回归系数	t 值		回归系数	t 值
Intercept	—	—	Intercept	1.446	1.398
$Hratio_t$	0.011	0.589	$Hratio_t$	-0.019 **	-1.973
$XHratio_t$	0.689 ***	2.857	$AR_t(-1)$	0.019 **	2.248
To_t	0.074 *	1.809	To_t	-0.020 *	-1.830
Adj. R-Sq	0.019		Adj. R-Sq	0.074	
观测值	466	—	观测值	466	—

注：***、**、*分别表示1%、5%、10%水平下显著。

因此，我国以基金为代表的机构投资者并非完全理性的，存在着较为显著的正反馈交易行为，是"追涨杀跌"的噪声交易者。该结论也进一步印证了我国股票市场的投机风气盛行、短线操作频繁的说法。

第三节　非独立策略对股价同步性的影响分析

羊群行为，原指动物（牛、羊等）成群移动、觅食。在金融市场中，这个概念被金融学家用来描述投资者在信息环境不确定的情况下，行为受到其他投资者的影响，模仿他人决策，或者过度依赖舆论，而不考虑自己的私有信息而跟随他人的行为。证券市场中的机构投资者属于信息强势人群，但是出于对自己声誉和报酬的考虑，往往会发生相互模仿的现象。Pareek（2011）发现重仓持有相同股票的基金经理之间彼此存在联系。[216]　肖欣荣等（2012）认为这种联系主要是由于基金经理处在同一个社会网络中，彼此之间存在信息的传递。[202] 例如，共享的分析报告、同一个分析师的影响，或者经过市场检验的明星基金经理的投资决策信息，通过社会网络传播从而影响其他基金经理的投资行为。国外的相关研究也表明，基金经理之间甚至金融分析师之间存在着明显的羊群行为。

产生羊群行为的原因有很多。从基金运作的角度来看，投资基金运作模式的趋同化和委托代理关系容易产生羊群行为。我国股市缺乏足够多的价值蓝筹股，基金无法形成长期的价值投资风格，只能追逐短期的市场热点，就会发生众多基金同时买卖相同股票的现象。委托代理关系是一种代人理财的集合投资模式，我国广大的投资者大都过分关注短期收益，一旦基金业绩落后于市场，净值有所缩水，就会遭到投资者的质疑和赎回。在巨大的压力下，一些基金为了不使本基金净值排名落后，不得不改变原先确定的长期投资理念，在运作上呈现从众和跟风趋向。从基金经理的角度分析，一是业绩排名和基金经理对自身利益的过分关注是导致羊群行为的重要原因。Scharfstein 和 Stein（1990）提出的声誉羊群行为理论指出，基金经理出于对个人声誉的考虑，避免因为相关的错误预测而同样"遭受谴责"（Sharing-the-blame），经理的理性选择是在决策上相互模仿。[142] 二是价值投资理念与市场普遍存在的短线投机土壤之间的矛盾也是导致羊群行为的原因之一。在我国股市这个新兴市场中，存在着高换手率、股指和个股频繁激烈波动的特点，短线操作和投机风气盛行。于是，基金的价值投资理念遭到了"适者生存"法则的严重挑战，无奈之下，越来越多的基金经理也转而频繁地短线操作。三是基金经理采用相似的经济模型、相似的信息处理技术和相似的组合策略，关注相同的市场信息，在投资行为上也就具有较高程度的同质性。结果在金融市场的交易中，就会表现为羊群行为。

动量效应（Momentum Effect）也称"惯性效应"，是指股票的收益率有延续原来的运动方向的趋势，即过去一段时间收益率较高的股票在未来获得的收益率仍会高于过去收益率较低的股票，反之亦然。基于动量效应，投资者可以通过买入过去收益率高而卖出过去收益率低的股票获利。这种基于股价动量效应构造的投资策略被称为动量投资策略亦即正反馈投资策略。

Barberis 等（1998）认为投资者对信息在短期内反应不足是动量效应产生的一个重要原因。[57] 对于不同的市场，由于投资者受教育程度和投资经验等的差异，其对金融市场中的信息反应速度也会存在差别。有限理性的投资者在进行投资决策时往往存在两种偏差，即保守性偏差（Conservatism Bias）和代表性偏差（Representative Bias）或相似性偏差（Similarity Bias）。保守性偏差会造成投资者对新信息的反应不足（Underreaction），从而导致动量效应；代表性偏差则会造成对新信息的反应过度（Overreaction），从而导致反转效应。

Daniel 等（1998，2001）认为有限理性的投资者在进行投资决策时也存在两种偏差，即归因偏差（Attribution Bias）和过度自信（Over-confidence）。[217~218] 归因偏差是指当事件的结果与投资者的行动一致时，投资者往往将其归结为自己的高水平、高能力，当事件的结果与投资者的行为不一致时，则将其归结为他人或外在噪声，助长过度自信。过度自信是典型而普遍存在的一种心理偏差，并在投资决策过程中发挥重要的作用。投资者对他们的交易水平常常是过度自信的。过度自信的投资者会过低估计公共信息的作用而过高估计私人信息所发出的信号的精度，导致对私人信息的过度反应，产生动量效应。当越来越多的公共信息聚集后，反应过度的价格最终会趋于反转。

Hong 和 Stein（1999）假定市场由惯性交易者和信息观察者两种有限理性投资者组成。惯性投资者只根据最近的证券价格变化趋势决定其投资；信息观察者注重收集私人信息，并且私人信息在信息观察者内部逐步扩散。两类投资者的相互作用就会产生惯性效应与反转效应。[219]

基于投资者交互作用机制对动量效应进行解释，主要有 HS 模型和正反馈交易模型。国内几乎所有的文献都证明我国股票市场上存在着正反馈交易行为（李少平、顾广彩，2007；张恩众，2009；王灵芝、吴忠，2013；胡昌生、池阳春，2012；梅国平等，2013；胡才泓，2015；胡才泓、曾剑锋，2015；胡才泓、周文怡，2020）。[164~168, 220~222]

羊群行为和反馈行为的主要区别为：首先，羊群行为主要指当期内投资者相互之间的影响，而反馈行为不仅包括当期，更多的是跨期之间股票的表现对投资者投资决策的影响；其次，羊群行为主要指投资者对其他投资者影响，而反馈行为主要指股价波动对投资者影响。因此，当投资者纷纷跟随他人购入股票就表现为羊群行为，而当投资者跟随明星股票追涨杀跌就表现为反馈行为。两种行为同时作用于股市，就会使股票价格频繁激烈地波动，最终使股价远离其基本价值。

综上所述，如果机构投资者存在羊群行为和正反馈交易行为，那么他们的交易行为往往会趋向一致，其趋同性交易的程度也必定大幅提高。本书的第五章和第六章已经证明，股价同步性与机构投资者的趋同交易/趋同偏好行为正相关。因此，自然地就得出两个推论：

推论 1：机构投资者的羊群行为会提高股价波动的同步性。

推论 2：机构投资者的正反馈交易行为会提高股价波动的同步性。

本章小结

本章首先给出横截面机构持仓变动绝对偏离度的定义，以资本资产定价模型（CAPM）为基础，推导并证明了当存在显著的羊群行为时，横截面机构持仓变动绝对偏离度与机构总持仓变动之间存在非线性关系。并据此建立非线性模型考察机构投资者的羊群行为，理论方法上对传统的 CCK 模型进行了扩展并利用中国证券市场的数据验证了该扩展模型的应用。其次，从资金驱动的新视角，构建了资金—收益驱动模型和收益—资金诱导模型的正反馈交易行为的组合模型，并考察了股指期货上市后将近两年我国基金整体上是否采取了正反馈交易策略。最后，利用实证结果，分析了机构投资者的非独立策略（羊群行为、正反馈交易行为）与股价同步性的关系。基于实证结果，得出结论如下：

（1）我国股指期货上市后的样本期间，机构投资者不存在羊群行为；

（2）我国股指期货上市后的样本期间，基金整体上采取了正反馈交易策略；

（3）机构投资者的非独立策略（羊群行为、正反馈交易行为）会提高股价波动的同步性程度。

由此可知，我国以基金为代表的机构投资者并非完全理性的，存在着较为显著的正反馈交易行为，是"追涨杀跌"的噪声交易者，其采取的非独立策略会提高股价波动的同步性程度。因此，监管层应当继续完善有关法律、法规体系，加强投资者教育，规范市场行为。同时，中国的股市缺乏退出机制，而健康的市场要求建立严格的市场退出制度。因此，建立一个良好的市场退出机制，打破"优不胜、劣不汰"的怪圈，对倡导价值投资、抑制投机、降低股价同步性和优化资源配置效率等都具有深远的意义。

第八章
全书总结与研究展望

本章基于前七章对机构投资者情绪及投资行为对股价同步性影响的详细分析，阐明研究的主要结论和政策启示，并对研究中存在的局限性进行了说明，在此基础上提出未来的研究方向。

第一节　研究结论

本书首先阐明股价同步性的基本概念、内涵和度量方法，在此基础上，主要采用资本资产定价模型（CAPM）分解法（即 R^2 法）和相关模型的贝塔系数（即 β 法），对中国股价同步性的特征展开定量分析。以机构投资者群体对股价同步性的影响为聚焦中心，围绕机构投资者情绪和典型的易于产生趋同的投资行为（分类投资行为、偏好投资行为、羊群行为和正反馈交易行为）对股价同步性的形成机理展开讨论。本书的主要研究结论如下：

第一，机构投资者情绪对股价同步性具有显著的影响作用。

本书采用主成分分析方法，构建了机构投资者情绪综合指标（CIISI），并实证考察了机构投资者情绪是否显著影响股价波动的同步性，以及机构投资者持股在两者关系中所起的作用。主要研究发现：①股价同步性与机构投资者情绪正相关；②股价同步性与机构投资者情绪的正相关关系随着机构投资者持股比例的增加而减弱；③进一步建立非线性模型分析，发现股价同步性与机构投资者情绪存在倒"U"形关系。

第二，机构投资者的分类投资行为对股价同步性具有显著的影响作用。

本书参照中国证监会公布的行业分类标准，将机构投资者的分类投资行为分为非趋同交易、趋同交易以及两者的混合对股价同步性的影响进行研究。从机构投资者的层面，验证了行为金融视角下的分类形成股价同步性假说。得出结论如下：①股价同步性与机构投资者的非趋同交易行为负相关，且这种负相关关系随着机构投资者持股比例的增加而增强。②股价同步性与机构投资者的趋同交易行为正相关，且这种正相关关系随着机构投资者持股比例的增加而减弱。进一步建立非线性模型分析，发现股价同步性与机构投资者的趋同交易行为存在倒"U"形关系。③趋同交易行为是影响股价同步性的决定性因素，而非趋同交易行为对股价同步性的影响都是通过趋同交易行为发生作用的。

第三，机构投资者的偏好投资行为对股价同步性具有显著的影响作用。

本书为了考察机构投资者的偏好投资行为对股价同步性的影响作用，采用偏好聚类方法对中国证券市场的面板数据分组，分别从机构投资者的持股偏好和博彩偏好两方面进行研究。从机构投资者的层面，验证了行为金融视角下的偏好形成股价同步性假说。主要研究发现如下：①机构投资者持股偏好会导致股价波动的同步性现象；②我国机构投资者存在明显的博彩偏好；③机构投资者的博彩偏好会提高股价波动的同步性程度。

第四，机构投资者的非独立策略对股价同步性具有显著的影响作用。

本书首先从理论方法上对传统的 CCK 模型进行了扩展并利用中国证券市场的数据验证了该扩展模型的应用；其次，从资金驱动的新视角，构建了资金—收益驱动模型和收益—资金诱导模型的正反馈交易行为的组合模型，并实证考察了股指期货上市后我国基金整体上是否采取了正反馈交易策略；最后，基于实证结果，分析了机构投资者的非独立策略与股价同步性的关系。研究结果表明：①我国股指期货上市后的样本期间，机构投资者不存在羊群行为；②我国股指期货上市后的样本期间，基金整体上采取了正反馈交易策略；③机构投资者的非独立策略（羊群行为、正反馈交易行为）会提高股价波动的同步性程度。

本书借鉴行为金融视角下的股价同步性的理论和方法，将定性描述和定量分析相结合，对机构投资者情绪和典型的易于产生趋同的投资行为作为一个独立的主题对股价同步性的影响进行了系统的研究。从机构投资者的层面，验证了行为金融视角下的分类/偏好形成股价同步性假说，完善和丰富了以 West（1988）为代表的"非理性行为观"。[8]

第二节　政策启示

根据以上结论，围绕规范机构投资者的发展，降低股价波动的同步性，本书得出如下政策启示：

第一，完善有关的法律法规，提高市场信息的透明度。

本书研究证实，机构投资者情绪对股价同步性具有显著的影响作用。情绪是投资者对于证券市场中的各种客观信息做出的主观性的综合评估，是投资者心理作用下的信念或预期，往往与资产的基本面无关，但对资产价格却产生较大的冲击。情绪存在较大的传染性，当投资者群体一致地看涨或看跌时，容易产生股价同步性现象。因此，针对目前证券市场不够透明的现状，监管层应当从制度建设、市场主体、媒体监督等方面提高市场信息的透明度，完善有关的法律法规，促进资本市场的健康有序发展。

第二，培育不同投资风格、投资理念的投资基金。

本书研究证实，机构投资者的分类投资行为及偏好投资行为对股价同步性具有显著的影响作用。在现实中，人们很难把分类投资行为与偏好投资行为严格地区分开来，但它们都对股价同步性产生显著的影响作用。在中国，证券投资、基金投资理念雷同，投资策略趋同，仓位相似，重仓股集中，同质化现象严重。同一个基金公司的产品，也可以发现，几乎全部的股票型基金的仓位、资产配置、重仓股都很相似。因此，监管层应当培育不同投资风格、投资理念的投资基金，如提高 QFII 和 RQFII 的配额以壮大不同投资风格的机构投资者力量。

第三，引导机构投资者进行价值投资、理性投资。

本书研究证实，机构投资者的非独立策略（羊群行为、正反馈交易行为）对股价同步性具有显著的影响作用。我国的机构投资者有着共同的调研方式，投资思路和投资方式趋同，表现在投资上就是抱团取暖、追涨杀跌。居高不下的换手率现象背后，反映出来的是套利资金做"超短线"现象严重，投机风气盛行。因此，监管层应当加强投资者教育，规范市场行为，积极吸引长线资本入市，引导机构投资者进行价值投资、理性投资。

第四，建立健全股市价值估值体系，引入市场退出机制。

股票市场需要一个准确的定价系统，而我国股市的估值体系是彻底紊乱的。著名的经济评论员叶檀认为，中国股市从赌场走向市场，信用、真实和市场定价是最重要的。① 中国的股市缺乏退出机制，而健康的市场要求建立严格的市场退出制度。没有市场退出机制，就不会有优胜劣汰，就不能最终保证优秀上市公司真正成为市场经济的中流砥柱。因此，大力培植价值蓝筹股、绩优股和高成长股资源，建立一个良好的市场退出机制，打破"优不胜、劣不汰"的怪圈，对倡导价值投资、抑制投机、降低股价同步性和优化资源配置效率等都具有深远的意义。

第三节　局限与展望

由于证券市场本身的复杂性和人类对证券市场认知的局限性，以及我国股票市场发展的转轨特征，使得对我国股票市场价格波动的研究极具复杂性。因此，在研究过程中仍有一些局限之处，需要在未来研究中进一步探讨和完善：

第一，目前的研究更多地关注情绪的度量及度量结果的应用，而对情绪形成的机理演化方面的研究却几乎空白，缺乏对情绪变化的关键影响因素的理解，这必然会影响到情绪度量结果的准确性和应用结论的可信性。

第二，我国投资者的结构相对复杂，尽管机构投资者逐步得到发展，但还是以个人投资者为主体，一般地说，个人投资者缺乏理性，盛行追涨杀跌的投机行为。整个市场的结构还很不稳定，导致市场情绪波动较大，由于个人投资者基础较大，如何找到合适的指标进行研究也是一件很有意义的事情。

---

① 叶檀. 我国股市的估值体系是彻底紊乱的［DB/OL］. 东方财富网，2012-09-25，http：//finance. eastmoney. com/news/1370，20120925252580147. html .

第三，在研究的过程中发现，机构投资者情绪和趋同的交易行为与股价同步性都是非线性的倒"U"形关系，而当研究机构投资者有羊群行为时，也推导得出"横截面机构持仓变动绝对偏离度与机构总持仓变动之间存在非线性关系"。因此，对机构投资者情绪和投资行为的"非线性"研究有待进一步深入探讨和补充。

第四，希望能够在机构投资者与证券市场稳定的理论研究中做更深入的探讨，丰富行为金融学的理论基础。

参考文献

---

[1] 陈国进，张贻军，王景．再售期权、通胀幻觉与中国股市泡沫的影响因素分析 [J]．经济研究，2009（5）：106-117．

[2] Morck R., Yeung B., Yu W. The Information Content of Stock Marke: Why do Emerging Markets Have Synchronous Stock Price Movements [J]．Journal of Financial Economics，2000，58（1）：215-260．

[3] Jin L., Myers S. R^2 around the World: New Theory and New Tests [J]．Journal of Financial Economics，2006，79（2）：257-292．

[4] 蔡庆丰，宋友勇．超常规发展的机构投资者能稳定市场吗——对我国基金跨越式发展的反思 [J]．经济研究，2010（1）：90-101．

[5] Fama E. F. Efficient Capital Markets: A Review of Theory and Empirical Work [J]．Journal of Finance，1970（1）：383-417．

[6] Shleifer A. Inefficient Mark: An Introduction to Behavioral Finance [M]．Oxford: Oxford University Press，2000．

[7] Black F. Noise [J]．The Journal of Finance，1986，41（3）：529-543．

[8] West K. Dividend Innovation and Stock Price Volatility [J]．Econometrica，1988，56（1）37-61．

[9] Hutton A. P., Marcus A. J., Tehranian H. Opaque Financial

Reports, R^2 and Crash Risk [J]. Journal of Financial Economics, 2009, 94 (1): 67-86.

[10] Wurgler J. Financial Markets and the Allocation of Capital [J]. Journal of Financial Economics, 2000, 58 (1-2): 187-214.

[11] Durnev A., Morck R., Yeung B. Capital Markets and Capital Allocation: Implications for Economies in Transition [J]. Economics of Transition, 2004a, 12 (4): 593-634.

[12] De Fond M. L., Hung M. Y. Investor Protection and Cororate Governance: Evidence from Worldwide CEO Turnover [J]. Journal of Accounting Research, 2004, 42 (2): 269-312.

[13] Chen Q., Goldstein I., Jiang W. Price Informativeness and Investment Sensitivity to Stock Price [J]. Review of Financial Studies, 2007, 20 (3): 619-650.

[14] 游家兴, 汪立琴. 机构投资者、公司特质信息与股价波动同步性——基于 R^2 的研究视角 [J]. 南方经济, 2012 (11): 89-101.

[15] Kumar A. Who Gambles in the Stock Markets [J]. Journal of Finance, 2009, 64 (4): 1889-1933.

[16] Chang E. C., Cheng J. C., Khorana A. An Examination of Herd Behavior in Equity Markets: An International Perspective [J]. Journal of Banking and Finance, 2000, 24 (10): 1651-1679.

[17] 孙培源, 施东辉. 基于 CAPM 的中国股市羊群行为研究——兼与宋军、吴冲锋先生商榷 [J]. 经济研究, 2002 (2): 64-70.

[18] Barberis N., Shleifer A., Wurgler J. Comovement [J]. Journal of Financial Economics, 2005 (75): 283-317.

[19] French K. R., Roll R. Stock Return Variances: The Arrival of Information and the Reaction of Traders [J]. Journal of Financial Econom-

ics, 1986, 17 (1): 5-26.

[20] Roll R. R^2 [J]. Journal of Finance, 1988, 43 (2): 541-566.

[21] Durnev A., Morck R., Yeung B., et al. Does Greater Firm-specific Return Variation Mean More or Less Informed Stock Pricing? [J]. Journal of Accounting Research, 2003, 41 (5): 797-836.

[22] Pirinsky C., Wang Q. Institutional Investors and the Comovement of Equity Prices [R]. SSRN E-Library, Working Paper, 2004.

[23] Kumar A., Page J., Spalt O. Investor Clienteles and Habitat Based Return Comovements [R]. SSRN E-Library, Working Paper, 2010.

[24] Fox M. B., Morck R., Yeung B. Law, Share Price Accuracy and Economic Performance: The New Evidence [J]. Michigan Law Review, 2003, 102 (3): 331-386.

[25] Bushman R., Piotroski J., Smith A. What Determines Corporate Transparency [J]. Journal of Accounting Research, 2004, 42 (2): 207-252.

[26] 游家兴, 张俊生, 江伟. 制度建设、公司特质信息与股价波动的同步性——基于 R^2 研究的视角 [J]. 经济学 (季刊), 2006, 6 (1): 189-206.

[27] 袁知柱, 鞠晓峰. 制度环境、公司治理与股价信息含量 [J]. 管理科学, 2009a, 22 (1): 17-29.

[28] 唐松, 胡威, 孙铮. 政治关系、制度环境与股票价格信息含量 [J]. 金融研究, 2011 (7): 182-195.

[29] 游家兴. 市场信息效率的提高会改善资源配置效率吗——基于的研究视角 [J]. 数量经济技术经济研究, 2008 (2): 110-121.

[30] 袁知柱, 吴粒, 鞠晓峰. 股票市场发展与国家资源配置效率: 基于股市信息效率视角的研究 [J]. 商业经济与管理, 2012 (2):

76-89.

[31] Durnev A., Morck R., Yeung B. Value Enhancing Capital Budgeting and Firm-specific Stock Return Variation [J]. Journal of Finance, 2004b, 59 (1): 65-105.

[32] Ferreira M. A., Laux P. A. Corporate Governance, Idiosyncratic Risk and Information Flow [J]. The Journal of Finance, 2007, 62 (2): 951-989.

[33] 游家兴，江伟，李斌. 中国上市公司透明度与股价波动同步性的实证分析 [J]. 中大管理研究, 2007 (1): 147-164.

[34] 蒋海，张博，王湛春. 公司治理与股价波动同步性研究 [J]. 价格月刊, 2010 (4): 22-24.

[35] 李留闯，田高良，马勇等. 连锁董事和股价同步性波动：基于网络视角的考察 [J]. 管理科学, 2012 (6): 86-100.

[36] 于忠泊，田高良，张咏梅等. 会记稳健性与投资者保护：基于股价信息含量视角的考察 [J]. 管理评论, 2013 (3): 146-158.

[37] 袁知柱，鞠晓峰. 基于面板数据模型的股价波动非同步性方法测度股价信息含量的有效性检验 [J]. 中国软科学, 2009b (3): 174-185.

[38] 陈梦根，毛小元. 股价信息含量与市场交易活跃程度 [J]. 金融研究, 2007 (3): 125-139.

[39] 肖浩，夏新平，邹斌. 信息性交易概率与股价同步性 [J]. 管理科学, 2011, 24 (4): 84-94.

[40] 朱蓉. R 的平方和噪声交易 [J]. 上海经济研究, 2011 (10): 89-113.

[41] Xing X., Anderson R. Stock Price Synchronicity and Public Firm-specific Information [J]. Journal of Financial Markets, 2011, 14

（2）：259-276.

[42] 代昀昊，陆婷，杨薇等．股价同步性与信息效率 ［J］．金融评论，2012（1）：82-125.

[43] Shiller R. J. Do Stock Prices Move Too Much to Be Justified by Subsequent Changes in Dividends ［J］．The American Economic Review，1981，71（3）：421-436.

[44] Kelly A. Information Efficiency and Firm-specific Return Variation ［R］．Arizona State University，Working Paper，2005.

[45] Ashbaugh-Skaife H.，Gassen J.，LaFond R. Does Stock Price Synchronicity Represent Firm-specific Information? The International Evidence ［R］．SSRN E-Library，Working Paper，2006.

[46] 孔东民，申睿．信息环境、R^2 与过度自信：基于资产定价效率的检验 ［J］．南方经济，2007（6）：3-21.

[47] 孔东民，申睿．R^2、异常收益与交易的信息成分 ［J］．中大管理研究，2008，3（3）：91-112.

[48] Wang Y.，Wu L.，Yang Y. Does the Stock Market Affect Firm Investment in China? A Price Informativeness Perspective ［J］．Journal of Financial Economics，2009，33（1）：53-62.

[49] 林忠国，韩立岩，李伟．股价波动非同步性——信息还是噪音？［J］．管理科学学报，2012，15（6）：68-81.

[50] Hou K.，Peng L.，Xiong W. R^2 and Price Inefficiency ［R］．The Ohio State University，Working Paper，2006.

[51] Teoh S.，Yang Y.，Zhang Y. R-Square：Noise or Price Efficiency? ［R］．University of California at Irvine，Working Paper，2008.

[52] Hsina C. W.，Tseng P. W. Stock Price Synchronicities and Speculative Trading in Emerging Markets ［J］．Journal of Multinational Fi-

nancial Management，2012，22（3）：82-109.

［53］Lee D. W.，Liu M. H. Does More Information in Stock Price Lead to Greater or Smaller Idiosyncratic Return Volatility? ［J］. Journal of Banking and Finance，2011，35（6）：1563-1580.

［54］许年行，洪涛，徐信忠等．信息传递模式、投资者心理偏差与股价"同涨同跌"现象［J］．经济研究，2011（4）：135-146.

［55］夏芳．盈余管理、投资者情绪与股价"同涨同跌"［J］．证券市场导报，2012（8）：49-56.

［56］De Long J. B.，Shleifer A.，Summers L. H.，et al. Noise Trader Risk in Financial Markets［J］. Journal of Political Economy，1990a，98（4）：703-738.

［57］Barberis N.，Shleifer A.，Vishny R. A Model of Investor Sentiment［J］. Journal of Financial Economics，1998，49（3）：307-343.

［58］饶育蕾，刘达峰．行为金融学［M］．上海：上海财经大学出版社，2003.

［59］王美今，孙建军．中国股市收益、收益波动与投资者情绪［J］．经济研究，2004（10）：75-83.

［60］Brown G.，Cliff M. Investor Sentiment and Asset Valuation［J］. Journal of Business，2005，78（2）：405-440.

［61］Baker M.，Wurgler J. Investor Sentiment and the Cross-section of Stock Returns［J］. Journal of Finance，2006，61（4）：1645-1680.

［62］Baker M.，Wurgler J. Investor Sentiment in the Stock Market［J］. Journal of Economic Perspectives，2007，21（2）：129-151.

［63］易志高，茅宁，汪丽．投资者情绪测量研究综述［J］．金融评论，2010（3）：113-121.

［64］易志高，茅宁，汪丽．股票市场投资者情绪研究：形成、测

量及应用 [J]. 经济问题探索, 2011 (11): 79-84.

[65] 闫伟, 杨春鹏. 金融市场中投资者情绪研究进展 [J]. 华南理工大学学报 (社会科学版), 2011 (3): 33-43.

[66] 胡才泓, 梅国平. 我国机构投资者情绪对股价同步性影响分析 [J]. 商业时代, 2014 (19): 81-83.

[67] Solt M. E., Statman M. How Useful is the Sentiment Index [J]. Financial Analysts Journal, 1988, 44 (5): 45-55.

[68] Lee C., Shleifer A., Thaler R. Investor Sentiment and the Closed-end Fund Puzzle [J]. Journal of Finance, 1991, 46 (1): 75-109.

[69] Siegel J. J. Equity Risk Premia, Corporate Profit Forecasts and Investor Sentiment around the Stock Crash of October 1987 [J]. Journal of Business, 1992, 65 (4): 557-570.

[70] Neal R., Wheatley S. Do Measures of Investor Sentiment Predict Returns? [J]. Journal of Financial and Quantitative Analysis, 1998, 33 (4): 523-547.

[71] Lee W. Y., Jiang X., Daniel C. Stock Market Volatility, Excess Returns and the Role of Investor Sentiment [J]. Journal of Banking and Finance, 2002, 26 (12): 2277-2299.

[72] Brown G., Cliff M. Investor Sentiment and the Near-term Stock Market [J]. Journal of Empirical Finance, 2004, 11 (1): 1-27.

[73] Black F. Yes Virginia, There is Hope: Tests of the Value Line Ranking System [J]. Financial Analysts Journal, 1973, 29 (5): 10-14.

[74] Copeland T., Mayers D. The Value Line Enigma: A Case Study of Performance Evaluation Issues [J]. Journal of Financial Economics, 1982, 10 (3): 289-321.

［75］Elton E. , Gruber M. J. , Grossman S. Discrete Expectational Data and Portfolio Performance ［J］. Journal of Finance, 1986, 41（3）: 699-713.

［76］林翔. 对中国证券咨询机构预测的分析 ［J］. 经济研究, 2000（2）: 56-65.

［77］胡凯. 证券咨询机构荐股行为及其市场反应的实证研究 ［J］. 中南财经政法大学研究生学报, 2011（3）: 80-84.

［78］Fisher K. L. , Statman M. Investor Sentiment and Stock Returns ［J］. Financial Analysts Journal, 2000, 56（2）: 16-23.

［79］刘超, 韩泽县. 投资者情绪和上证综指关系的实证研究 ［J］. 北京理工大学学报, 2006（4）: 57-60.

［80］Kling G. , Gao L. Chinese Institutional Investors' Sentiment ［J］. International Financial Markets, 2008, 18（4）: 374-387.

［81］程昆, 刘仁和. 投资者情绪与股市的互动研究 ［J］. 上海经济研究, 2005（11）: 86-93.

［82］陈军, 陆江川. 基于 DSSW 模型投资者情绪与股价指数关系研究 ［J］. 预测, 2010（4）: 53-57.

［83］陆江川, 陈军. 极端投资者情绪对股价指数影响的非对称研究 ［J］. 系统工程, 2013（2）: 13-22.

［84］Fisher K. L. , Statman M. Consumer Confidence and Stock Returns ［J］. Journal of Portfolio Management, 2003, 30（1）: 115-127.

［85］薛斐. 基于情绪的投资者行为研究 ［D］. 复旦大学博士学位论文, 2005.

［86］Qiu L. , Welch I. Investor Sentiment Measures ［R］. NBER Working Paper, 2006.

［87］Ljungqvist A. , Nanda V. , Singh R. Hot Markets, Investor

Sentiment and IPO Pricing [J]. Journal of Business, 2006, 79 (4):
1667-1702.

[88] Amihud Y., Mendelson H. Asset Pricing and the Bidask Spread
[J]. Journal of Financial Economics, 1986, 17 (2): 223-249.

[89] Brennan M., Subrahmanyam A. Market Microstructure and Asset
Pricing: On the Compensation for Illiquidity in Stock Returns [J]. Journal
of Financial Economics, 1996, 41 (3): 441-464.

[90] Jones C. A Century of Stock Market Liquidity and Trading Costs
[R]. Columbia University, Working Paper, 2002.

[91] Baker M., Stein J. Market Liquidity as a Sentiment Indicator
[J]. Journal of Financial Markets, 2004, 7 (3): 271-299.

[92] Wang Y., Keswani A., Taylor S.. The Relationships between
Sentiment, Returns and Volatility [J]. International Journal of Forecas-
ting, 2006, 22 (1): 109-123.

[93] Dennis P., Mayhew S. Risk-neutral Skewness: Evidence from
Stock Options [J]. Journal of Financial and Quantitative Analysis, 2002,
37 (3): 471-493.

[94] Bauer R., Cosemans M., Eichholtz P. Option Trading and Indi-
vidual Investor Performance [J]. Journal of Banking and Finance, 2009,
33 (4): 731-746.

[95] Bernile G., Lyandres E. Understanding Investor Sentiment: The
Case of Soccer [R]. Boston University, Working Paper, 2007.

[96] Bradley D., Gonas J., Highfield M. An Examination of IPO
Secondary Market Returns [J]. Journal of Corporate Finance, 2009, 15
(3): 316-330.

[97] Wang C. Investor Sentiment: Market Timing and Future Returns

［J］. Applied Financial Economics, 2003, 13 (12): 891-898.

［98］Han B. Limits of Arbitrage, Sentiment and Pricing Kernel: Evidence from S&P 500 Options ［R］. Ohio State University, Working Paper, 2005.

［99］Chen N., Kan R., Miller M. Are the Discounts on Closed-end Funds a Sentiment Index? ［J］. Journal of Finance, 1993, 48 (2): 795-800.

［100］Elton E. J., Gruber M. J., Busse J. Do Investors Care about Sentiment? ［J］. Journal of Business, 1998, 71 (4): 477-500.

［101］伍燕然, 韩立岩. 不完全理性、投资者情绪与封闭式基金之谜 ［J］. 经济研究, 2007 (3): 117-129.

［102］Liao T., Huang C., Wu C. Do Fund Managers Herd to Counter Investor Sentiment? ［J］. Journal of Business Research, 2011, 64 (2): 207-212.

［103］张强, 杨淑娥. 噪音交易、投资者情绪波动与股票收益 ［J］. 系统工程理论与实践, 2009, 29 (3): 40-47.

［104］蒋玉梅, 王明照. 投资者情绪与股票横截面收益的实证研究 ［J］. 经济管理, 2009, 31 (10): 134-140.

［105］易志高, 茅宁. 中国股市投资者情绪测量研究: CICSI 的构建 ［J］. 金融研究, 2009 (11): 174-184.

［106］宋泽芳, 李元. 投资者情绪与股票特征关系 ［J］. 系统工程理论与实践, 2012, 32 (1): 27-33.

［107］Glushkov D. Sentiment Beta ［R］. SSRN E-Library, Working Paper, 2006.

［108］Ho J. C., Hung D. Investor Sentiment as Conditioning Information in Asset Pricing ［J］. Journal of Banking and Finance, 2009, 33

（5）：892-903.

［109］Kurov A. Investor Sentiment and the Stock Market's Reaction to Monetary Policy ［J］. Journal of Banking and Finance, 2010, 34 （1）：139-149.

［110］Baker M. , Wurgler J. , Yuan Y. Global, Local and Contagious Investor Sentiment ［J］. Journal of Financial Economics, 2012, 104 （2）：272-287.

［111］Stambaugh F. , Yu J. , Yuan Y. The Short of It：Investor Sentiment and Anomalies ［J］. Journal of Financial Economics, 2012, 104 （2）：288-302.

［112］Dergiades T. Do Investors' Sentiment Dynamics Affect Stock Returns? Evidence from the US Economy ［J］. Economics Letters, 2012, 116 （3）：404-407.

［113］Baker M. , Wurgler J. The Equity Share in New Issues and Aggregate Stock Returns ［J］. Journal of Finance, 2000, 55 （5）：2219-2257.

［114］Frazzini A. , Lamout O. A. Dumb Money：Mutual Fund Flows and the Cross-section of Stock Returns ［J］. Journal of Financial Economics, 2008, 88 （2）：299-322.

［115］Schmeling M. Investor Sentiment and Stock Returns：Some International Evidence ［J］. Journal of Empirical Finance, 2009, 16 （3）：394-408.

［116］Kumar A. , Lee C. Retail Investor Sentiment and Return Comovements ［J］. Journal of Finance, 2006, 61 （5）：2451-2468.

［117］胡昌生，池阳春．投资者情绪：理性与非理性 ［J］. 金融评论, 2012 （6）：46-59.

［118］Shan L. , Gong S. X. Investor Sentiment and Stock Returns：Wenchuan Earthquake [J]. Finance Research Letters, 2012, 9 (1): 36-47.

[119] Jiang L., Li G. Investor Sentiment and IPO Pricing during Pre-market and After-market Periods: Evidence from Hong Kong [J]. Pacific-Basin Finance Journal, 2013, 23 (6): 65-82.

[120] Greenwood R., Sosner N. Trading Patterns and Excess Co-movement of Stock Returns [J]. Financial Analysts Journal, 2007, 63 (5): 69-81.

[121] Kumar A., Page J. K., Spalt O. G. Investor Sentiment and Return Comovements: Evidence from Stock Splits and Headquarters Changes [R]. SSRN E-Library, Working Paper, 2012.

[122] Cheng S. Institutional Ownership, Retail Trading and Stock Return Comovement [R]. SSRN E-Library, Working Paper, 2011.

[123] Frijns B., Verschoor W. C., Zwinkels R. J. Excess Stock Return Comovements and the Role of Investor Sentiment [R]. SSRN E-Library, Working Paper, 2012.

[124] Chandra A., Thenmozhi M. Investor Sentiment, Volatility and Stock Return Comovements [R]. SSRN E-Library, Working Paper, 2013.

[125] Hu C., Wang Y. Investor Sentiment and Assets Valuation [J]. System Engineering Procedia, 2012 (3): 166-171.

[126] Baber B. M., Odean T. All that Glitters: The Effect of Attention and News on the Buying Behavior of Individual and Institutional Investors [J]. Review of Financial Studies, 2008, 21 (2): 785-818.

[127] Lin P., Wei X. Investor Attention, Overconfidence and Category Learning [J]. Journal of Financial Economics, 2006, 80 (3): 563-602.

[128] 黄革, 李林. 机构投资者行为模式及对市场定价效率的影响 [J]. 系统工程, 2011 (2): 21-26.

[129] 何诚颖. 中国股市"板块现象"分析 [J]. 经济研究, 2001 (12): 82-87.

[130] 彭燕, 张维. 我国股票市场的分板块投资策略及其应用 [J]. 数量经济技术经济研究, 2003 (12): 148-151.

[131] 陈幕柴, 陈敏, 吴武清. 中国 A 股市场行业板块间领滞关系的动态变化实证研究 [J]. 系统工程理论与实践, 2009 (6): 19-31.

[132] 李贺, 张玉林. 基于行业板块的投资组合方法研究 [J]. 电子科技大学学报 (社科版), 2013 (3): 42-49.

[133] Froot K., Teo M. Equity Style Returns and Institutional Investor Flows [R]. SSRN E-Library, Working Paper, 2003.

[134] Froot K., Teo M. Style Investing and Institutional Investors [J]. Journal of Financial and Quantitative Analysis, 2008, 43 (4): 883-906.

[135] Barberis N., Shleifer A. Style Investing [J]. Journal of Financial Economics, 2003, 68 (2): 161-199.

[136] 熊胜君, 杨朝军. 沪深股票市场行业效应与投资风格效应的实证研究 [J]. 系统工程理论与实践, 2006 (4): 44-49.

[137] 王敬, 刘阳. 证券投资基金投资风格: 保持还是改变? [J]. 金融研究, 2007 (8): 120-130.

[138] 廖理, 石美娟. 我国养老基金投资偏好研究 [J]. 统计研究, 2008 (8): 50-53.

[139] 刘立立, 余军. 中国基金的股票投资偏好演变及其市场影响 [J]. 山西财经大学学报, 2010 (4): 14-22.

[140] Bikhchandani S., Hirshleifer D., Welch C. A Theory of Fads, Fashion, Custom and Cultural Change as Informational Cascades [J]. Journal of Political Economy, 1992, 100 (5): 992-1026.

[141] Froot K., Scharfstein D., Stein J. C. Herd on the Street: In-

formational Efficiencies in a Market with Short-term Speculation [J]. Journal of Finance, 1992, 47 (4): 1461-1485.

[142] Scharfstein S., Stain J. C. Herd Behavior and Investment [J]. American Economic Review, 1990, 80 (3): 465-479.

[143] Ernst M., Naik N. Herding and Delegated Portfolio Management [D]. London: London Business School, 1996.

[144] Lakonishok J., Shleifer A., Vishy R. Impact of Institutional Trading on Stock Prices [J]. Journal of Financial Economics, 1992, 32 (1): 23-44.

[145] Wermers R. Mutual Fund Herding and the Impact on Stock Prices [J]. Journal of Finance, 1999, 54 (2): 581-622.

[146] 陈浩. 中国股票市场机构投资者羊群行为实证研究 [J]. 南开经济研究, 2004 (2): 91-94.

[147] 祁斌, 袁克, 胡倩等. 我国证券投资基金羊群行为的实证研究 [J]. 证券市场导报, 2006 (12): 49-57.

[148] 张延良, 王冬冬, 胡晓艳. 封闭式基金羊群行为实证研究 [J]. 经济纵横理论月刊, 2013 (9): 139-144.

[149] Christie W. G., Huang R. D. Following the Pied Piper: Do Individual Returns Herding around the Market [J]. Financial Analyst Journal, 1995, 51 (4): 31-37.

[150] Demirer R., Kutan A. M. Does Herding Behavior Exist in Chinese Stock Markets? [J]. Journal of International Financial Markets, Institutions and Money, 2006, 16 (2): 123-142.

[151] Tan L., Chiang T. C., Mason J. Herding Behavior in Chinese Stock Markets: An Examination of A and B Shares [J]. Pacific-Basin Finance Journal, 2008, 16 (1-2): 61-77.

［152］Chiang T. C., Zheng D. An Empirical Analysis of Herd Behavior in Global Stock Markets ［J］. Journal of Banking and Finance, 2010, 34（8）: 1911-1921.

［153］Chiang T. C., Li J., Tan L. Empirical Investigation of Herding Behavior in Chinese Stock Markets: Evidence from Quantile Regression Analysis ［J］. Global Finance Journal, 2010, 21（1）: 111-124.

［154］Lao P., Singh H. Herding Behaviour in the Chinese and Indian Stock Markets ［J］. Journal of Asian Economics, 2011, 22（6）: 495-506.

［155］蒋学雷, 陈敏, 吴国富. 中国股市的羊群效应的 ARCH 检验模型与实证分析 ［J］. 数学的实践与认识, 2003（3）: 56-63.

［156］柯昇沛, 黄静. 基于 CSAD 非线性模型的房地产市场羊群行为研究 ［J］. 管理评论, 2012（9）: 19-25.

［157］De Long B., Shleifer A., Summers L. H., et al. Positive Feedback Investment Strategies and Destabilizing Rational Speculation ［J］. Journal of Finanee, 1990b, 45（2）: 375-395.

［158］De Long B., Shleifer A., Summers L. H., et al. The Survival of Noise Traders in Financial Markets ［J］. Journal of Business, 1991, 64（1）: 1-19.

［159］Sentana E., Wadhwani S. Feedback Traders and Stock Return Autocorrelations: Evidence from a Century of Daily Data ［J］. Economic Journal, 1992, 102（411）: 415-425.

［160］Koutmos G. Feedback Trading and the Autocorrelation Pattern of Stock Returns: Further Empirical Evidence ［J］. Journal of International Money and Finance, 1997, 16（4）: 625-636.

［161］Nofsinger J., Sias R. Herding and Feedback Trading by Institutional and Individual Investors ［J］. Journal of Finance, 1999, 54（6）:

2263-2295.

[162] Toshiaki W. Margin Requirements, Positive Feedback Trading and Stock Return Autocorrelations: The Case of Japan [J]. Applied Financial Economics, 2002, 12 (6): 395-403.

[163] Hirshleifer D. Feedback and the Success of Irrational Investors [J]. Journal of Financial Economics, 2006, 81 (2): 311-338.

[164] 李少平, 顾广彩. 中国证券市场正反馈交易的实证研究 [J]. 系统工程, 2007 (9): 111-115.

[165] 张恩众. 正反馈交易对证券市场的影响——来自上海证券市场的证据 [J]. 山东社会科学, 2009 (10): 83-86.

[166] 王灵芝, 吴忠. 正反馈交易、市场效率与流动性黑洞——基于日内分笔交易数据的实证研究 [J]. 证券市场导报, 2013 (2): 48-53.

[167] 胡昌生, 池阳春. 反馈交易、投资者情绪与波动性之谜 [J]. 南方经济, 2012 (3): 37-48.

[168] 梅国平, 胡才泓, 封福育. 震荡市场、基金持股与证券市场稳定 [J]. 当代财经, 2013 (10): 56-65.

[169] 朱红军, 何贤杰, 陶林. 中国的证券分析师能够提高资本市场的效率吗——基于股价同步性和股价信息含量的经验证据 [J]. 金融研究, 2007 (2): 110-121.

[170] Xu N., Chan K., Jiang Y., et al. Do Star Analysts Know More Firm-specific Information? Evidence from China [J]. Journal of Banking and Finance, 2013, 37 (1): 89-102.

[171] Piotroski J. D., Roulstone D. T. The Influence of Analysts, Institutional Investors and Insiders on the Incorporation of Market, Industry and Firm-specific Information into Stock Prices [J]. The Accounting Re-

view, 2004, 79 (4): 1119-1151.

[172] Chan K., Hameed A. Stock Price Synchronicity and Analyst Coverage in Emerging Markets [J]. Journal of Financial Economics, 2006, 80 (1): 115-147.

[173] 冯旭南, 李心愉. 中国证券分析师能反映公司特质信息吗——基于股价波动同步性和分析师跟进的证据 [J]. 经济科学, 2011 (4): 99-104.

[174] 李春涛, 张璇. 分析师与股票价格同步性的实证研究 [J]. 山东经济, 2011 (1): 99-106.

[175] 王亚平, 刘慧龙, 吴联生. 信息透明度、机构投资者与股价同步性 [J]. 金融研究, 2009 (12): 162-174.

[176] Gul F. A., Kim J. B., Qiu A. Ownership Concentration, Foreign Shareholding, Audit Quality and Stock Price Synchronicity: Evidence from China [J]. Journal of Financial Economics, 2010, 95 (3): 425-442.

[177] 金鑫, 雷光勇, 王文. 国际化经营、机构投资者与股价同步性 [J]. 科学决策, 2011 (8): 1-21.

[178] He W., Li D., Shen J., et al. Large Foreign Ownership and Stock Price Informativeness around the World [J]. Journal of International Money and Finance, 2013, 36 (9): 211-230.

[179] An H., Zhang J. Stock Price Synchronicity, Crash Risk and Institutional Investors [J]. Journal of Corporate Finance, 2013, 21 (6): 1-15.

[180] 侯宇, 叶冬艳. 机构投资者、知情人交易和市场效率——来自中国资本市场的实证 [J]. 金融研究, 2008 (4): 131-145.

[181] 尹雷. 机构投资者持股与股价同步性分析 [J]. 证券市场

导报，2010（3）：72-77.

[182] 杨竹清. 证券投资基金持股与股价同步性研究 [J]. 贵州财经学院学报，2012（6）：49-56.

[183] 饶育蕾，许军林，梅立兴. QFII 持股对我国股市股价同步性的影响研究 [J]. 管理工程学报，2013（2）：202-208.

[184] Sun Z. Clustered Institutional Holdings and Stock Comovement [R]. SSRN E-Library, Working Paper, 2008.

[185] Friedman M. The Case for Flexible Exchange Rates [M]. Chicago：University of Chicago Press, 1953.

[186] Scholes M. S., Williams J. T. Estimating Betas from Nonsynchronous Data [J]. Journal of Financial Economics, 1977, 5（3）：309-327.

[187] Hong H., Stein J. Disagreement and the Stock Market [J]. Journal of Economic Perspectives, 2007, 21（2）：109-128.

[188] Barber B., Odean T. All that Glitters：The Effect of Attention and News on the Buying Behavior of Individual and Institutional Investors [J]. Review of Financial Studies, 2008, 21（2）：785-818.

[189] Veldkamp L. Information Markets and the Comovement of Asset Prices [J]. Review of Economic Studies, 2005, 73（3）：823-845.

[190] Brennan M. J. The Individual Investor [J]. Journal of Financial Research, 1995, 18（1）：59-74.

[191] Bartov E., Radhakrishnan S., Krinshy I. Investor Sophistication and Patterns in Stock Returns after Earning Announcements [J]. The Accounting Review, 2000, 75（1）：43-63.

[192] Malcolm B., Jeremy C. S. Market Liquidity as a Sentiment Indicator [J]. Journal of Financial Market, 2004, 7（3）：271-299.

［193］Pearson K. On Lines and Planes of Closest Fit to Systems of Points in Space ［J］. Philosophical Magazine, 1901, 2（6）: 559-572.

［194］Hotelling H. Analysis of A Complex of Statistical Variables into Principal Components ［J］. Journal of Educational Psychology, 1933, 24（7）: 417-441.

［195］Fama E. F., French K. R. The Cross-section of Expected Stock Returns ［J］. Journal of Finance, 1992, 47（2）: 427-465.

［196］Fama E. F., French K. R. Common Risk Factors in the Returns on Stocks and Bonds ［J］. Journal of Financial Economics, 1993, 33（1）: 3-56.

［197］Fama E. F., French K. R. Multifactor Explanations of Asset Pricing Anomalies ［J］. Journal of Finance, 1996, 51（1）: 55-84.

［198］李增泉. 所有权结构与股票价格的同步性——来自中国股票市场的数据 ［J］. 中国会计与财务研究, 2005, 7（3）: 57-100.

［199］Kaniel R., Saar G., Titman S. Individual Investor Trading and Stock Returns ［J］. Journal of Finance, 2008, 63（1）: 273-310.

［200］Bailey W., Cai J., Cheung Y. Stock Returns, Order Imbalance and Commonality: Evidence on Individual, Institutional and Proprietary Investor in China ［J］. Journal of Banking and Finance, 2009, 33（1）: 9-19.

［201］Li W., Wang S. Daily Institutional Trades and Stock Price Volatility in a Retail Investor Dominated Emerging Market ［J］. Journal of Financial Markets, 2010, 13（4）: 448-474.

［202］肖欣荣, 刘健, 赵海健. 机构投资者行为的传染——基于投资者的网络视角 ［J］. 管理世界, 2012（12）: 35-45.

［203］Fama E. F., French K. R. Size and Book to Market Factors in

Earnings and Returns [J]. Journal of Finance, 1995, 50 (1): 131-155.

[204] Bali T. G., Cakici N., Whitelaw R. F. Maxing Out: The Cross-section of Volatility and Expected Returns [J]. Journal of Finance, 2011, 99 (2): 427-446.

[205] 郑振龙, 孙清泉. 彩票类股票交易行为分析: 来自中国 A 股市场的证据 [J]. 经济研究, 2013 (5): 128-140.

[206] Tseng M. L. An Assessment of Cause and Effect Decision Making Model for Firm Environmental Knowledge Management Capacities in Uncertainty [J]. Environmental Monitoring and Assessment, 2010, 161 (1-4): 549-564.

[207] 梅国平, 胡才泓. 基于 CCK 扩展模型的机构投资者羊群行为研究 [J]. 江西师范大学学报 (自然科学版), 2014 (3): 221-225.

[208] Bennett J., Sias R., Starks L. T. Greener Pastures and the Impact of Dynamic Institutional Preferences [J]. Review of Financial Studies, 2003, 16 (4): 1199-1234.

[209] 余佩琨, 李志文, 王玉涛. 机构投资者能跑赢个人投资者吗? [J]. 金融研究, 2009 (8): 147-157.

[210] 陈国进, 张贻军, 刘淳. 机构投资者是股市暴涨暴跌的助推器吗——来自上海 A 股市场的经验证据 [J]. 金融研究, 2010 (11): 45-59.

[211] 岳意定, 周可峰. 机构投资者对证券市场价格波动性的影响——基于 Topview 数据的实证研究 [J]. 中国工业经济, 2009 (3): 140-148.

[212] 傅亚平, 王玉洁, 张鹏. 我国沪、深两市证券市场 "羊群效应" 的实证研究 [J]. 统计与决策, 2012 (8): 153-156.

[213] 严武, 王辉. 基于 CCK 的中小板市场羊群效应研究 [J].

广东金融学院学报，2012（3）：12-20.

［214］Dennis P. J., Strickland D. Who Blinks in Volatile Markets, Individuals or Institutions？［J］. Journal of Finance, 2002, 57（5）：1923-1949.

［215］姚颐，刘志远. 震荡市场、机构投资者与市场稳定［J］. 管理世界，2008（8）：22-32.

［216］Pareek A. Information Networks：Implications for Mutual Fund Trading Behavior and Stock Returns［R］. SSRN E-Library, Working Paper, 2011.

［217］Daniel K., Hirshleifer D., Subrahmanyam A. Investor Psychology and Security Market Under-and Over-Reactions［J］. Journal of Finance, 1998, 53（6）：1839-1886.

［218］Daniel K., Hirshleifer D., Subrahmanyam A. Overconfidence, Arbitrage and Equilibrium Asset Pricing［J］. Journal of Finance, 2001, 56（3）：921-965.

［219］Hong H., Stein J. A Unified Theory of Underreaction, Momentum Trading and Overreaction in Asset Markets［J］. Journal of Finance, 1999, 54（6）：2143-2184.

［220］胡才泓. 机构投资者的彩票类股票交易行为与股价同步性［J］. 金融教育研究，2015, 28（1）：14-19.

［221］胡才泓，曾剑锋. 机构投资者的趋同交易行为与股价同步性［J］. 江西师范大学学报（自然科学版），2015（5）：545-550.

［222］胡才泓，周文怡. 股价同步性研究述评与展望——基于 R^2 的研究视角［J］. 金融教育研究，2020, 33（6）：40-48.

后 记

　　本书的选题思路来自于在导师梅国平教授指导下对证券市场问题的关注。导师为人谦逊，思维敏捷，治学严谨，睿智博学。求学期间，导师在学习、工作和生活诸方面均给予了我无微不至的关怀。本书的选题、研究框架的确立以及最后的修改和定稿，都倾注了恩师大量的心血。我在攻读博士学位期间学业上的长进和思想上的成熟与恩师的悉心指导和潜移默化的影响是密不可分的。恩师深厚的学术功底、高尚的道德品格、勤奋宽容的学术作风，给我莫大的启迪，激励我在科学研究的道路上努力前行。恩师的教诲令我终身受益，任何言语都无法表达我对恩师的敬意与感激之情，唯有今后以恩师为榜样严谨治学、踏实做人、多出成绩，才能无愧于恩师旳谆谆教导。

　　在选题确定和研究过程中，得到了信息管理学院徐升华教授、陶长琪教授、柳键教授、谭光兴教授、刘满凤教授、舒辉教授和钟元生教授的热情鼓励和指导。他们以其崇高的敬业精神使我在专业研究、知识积累和个人修养方面深受教益。

　　感谢南昌大学博士研究生导师贾仁安教授、国家信息中心原主任乌家培教授，感谢他们在百忙之中提出诸多宝贵意见！

　　感谢我的同门师姐万建香博士和师兄毛小兵博士、封福育博士、罗贤东博士、龚海林博士、温利民博士、杨智勇博士以及同门同学刘珊、甘敬义、朱四荣，在本书选题与撰写过程中，给予我诸多富有建设性的建议，让本书得以顺利完成！

特别感谢我的爱人和我的儿子，他们在我读博期间给予了我莫大的支持和帮助！多年来我的爱人不辞辛劳，一个人在异地独自照顾我可爱的儿子，家人的鼎力支持使我得以顺利完成学业！

书山有路勤为径，学海无涯苦作舟。四年多的学习让我再历了人生的蜕变之苦。然而，蓦然回首，却也觉得这四年给自己带来了太多太多。从不知到知之，从知之甚少到知之渐多，知识的增长让人内心感到充实的满足和豁然开朗的愉悦，人生也在求索和充盈间得到延展。

谨以此书敬献给所有关心、鼓励和帮助过我的人们！

胡才泓

2021 年 5 月 4 日